良い肉は
良い思考を
もたらす。

誰も教えてくれない

質問するスキル

芝本 秀徳 著

日経BP社

[目次]

まえがき

この本は既に刊行されている「誰も教えてくれない」シリーズの1冊です。「誰も教えてくれない」シリーズは、仕事をする上では必要なんだけど、会社（もしくは学校）で教えてもらうことがまずないスキルにフォーカスしています。言い換えれば、「いつの間にか通り過ぎてしまった基礎スキル」です。仕事で必ず求められるけれども誰も教えてくれない。そんな基礎スキルをきちっと体系化し、一緒に学んでいこうというのが、このシリーズのコンセプトです。

本書のテーマは「質問するスキル」です。質問するスキルというのは、このシリーズでお伝えする基礎スキルの中でも、一番学びにくいものです。質問上手な人はいますが、その人がなぜ質問上手なのか、そもそも質問することはスキルなのか、質問するスキルは学べるのか、という疑問が湧いてきます。そういった疑問にもお答えしながら、どうすれば質問がうまくなるのか、質問するスキルとはどのようなものなのかを明確にお伝えしたいと思います。

なお、本書は日経ＢＰ社が主催して筆者が講師を担当した「質問するスキル」セミナーをベースにしています。本書にはセミナーを再現するようなシーンが出てくるほか、セミナーの中で実施した「Ｑ＆Ａ」のエッセンスも掲載しています。また、読者のみなさんに語りかける文体を採用し、筆者自身のことを「僕」と表現しています。

ソフト開発を経験してコンサルタントに

では、まず自己紹介をします。名前は「芝本秀徳（しばもと ひでのり）」と言います。現在はコンサルティングを主とする会社の代表ですが、大学を卒業してすぐはＩＴベンダーに入社し、ソフトウエア開発のプロジェクトマネジャーをしていました。組み込みソフトウエアといわれる分野で、長くカーナビゲーションの開発に携わっていました。

仕事をし始めてから、ずっとソフト開発ばかりをしていたのですが、２００８年のリーマンショックで転機が訪れました。リーマンショック後、そのときのクライアントであるメーカーのプロジェクトはことごとく中止になったのです。先行きが見えない状況で、投資はできないというわけです。僕が携わっていたプロジェクトも中止になりました。昨日まではメチャクチャ忙しかったのに、急に「もう今日からは仕事ないよ」という状態に陥りました。このとき初めて、仕事がなくなる恐怖を抱いたのを覚えています。

それでも会社勤めのありがたさで、部署を異動し、自社開発パッケージソフトウエアの企画・開発に携わることになりました。社内で新たな商品を開発しようという機運が高まっていたタイミングで、「ちょうどいいからあいつにやらせてみよう」とチャンスをもらったのです。それまではソフト開発だけをしていればよかったのですが、それからは顧客の声を聞いて商品を企画・開発し、さらに販売支援として営業部隊と一緒に全国を飛び回るようになりました。ソフト開発だけをやっていたときには見えなかった「ビジネス」というものが見え始めたのはこの頃です。このときの経験がなければ、コンサルタントとしてのいまの自分はなかったと思います。

「デスマーチ」をなくそうと考えてきた

会社勤めをしていたとき、ずっと課題として思っていたことがあります。それは「どうやってデスマーチをなくすか」です。カーナビゲーションの開発をしていたころも、新商品開発の担当マネジャーとして企画・開発・販売支援をしていたころも、共通して抱いていた課題です。デスマーチという言葉はＩＴ業界でよく使われます。日本語で言うと「死の行進」ですね。デスマーチとは「あとどれだけ頑張ったら仕事が終わるのかわからない」状態のことで、この状態になると、毎日、深夜、もしくは朝方まで仕事をして、家に帰ってシャワーを浴びて30分だけ仮眠して、また会社に出てくるといった生活になってしまいます。

僕がエンジニアとして仕事を始めたころ、「デスマーチ」は当たり前のことで、それが日常でした。当然、体調を崩す人は後を絶たず、「こんな働き方では続けていられない」と言って、優秀な先輩たちが次々に会社をやめていきます。そんな状況をなんとか変えたいと思って、僕なりにいろいろと工夫しました。そのときの工夫が、いまの僕の考え方のベースとなり、本書のベースにもなっています。特徴は「プロセス設計」を導入し、それを「プロジェクトマネジメント」として融合して、体系化したことです。

この「プロセス設計をベースとしたプロジェクトマネジメント」というのは、簡単にいえば「実行の技術」です。いかに仕事をデザインして目的を確実に達成するかという方法論です。この方法論を世の中に広めようと独立し、いまコンサルタントとして活動しています。

ファシリテーションでも重要な「質問するスキル」

僕のコンサルティングテーマは「実行」です。「人と組織の実行力を高める」ことがミッションです。この「実行」は特定の領域だけで実施するものではありません。企業の活動は商品開発も営業活動もすべてがつながっていて、それらすべてで「実行」が必要です。実行するには計画がなければなりませんし、その計画は戦略に基づいていなければなりません。おのずと、僕のコンサルティング領域は、戦略や計画の策定・システム構築・組織の改革などにも踏み込むようになりました。これらの実行の中で組織の能力を高めていくのが、僕のコンサルティングスタイルです。

コンサルティングにおいて重要だと考えていることは、「どうやって共通認識を確立するか」です。一般的なコンサルティングは、クライアントから要求（テーマ）をもらって、それについて調査・分析し、提案書を作ってプレゼンテーションするというスタイルでしょう。しかし、僕のコンサルティングはそのようなスタイルではなく、クライアントと一緒に考えて、議論し、答えを見いだしていく。そして実行シーンにも寄り添うといったやり方です。「ファシリテーション型のコンサルティング」と言えます。このファシリテーションの中で重要なのが「質問するスキル」です。

ファシリテーションとは、単なる会議の進行役ではありません。現代は「不確実性の時代」と言われます。変化が激しく、未来は現状の延長線上にはありません。そんな環境で成果を出し続けるには、組織の壁を越えた議論が必要です。人はどうしても変化を嫌がる傾向にあります。「自分はこの範囲で仕事をします」「私はこれが仕事です」とタコツボに入ってしまいがちです。そういった人たちをタコツボから引き出し、組織・壁を越えて「自分たちは何をすべきなのか」という思考を深めていく。その支援をするのがファシリテーションです。

ファシリテーターは、論点を設定して議論を整理し、第三者の視点をもたらしながら思考を深めていきます。議論に参加した全員が「腹落ち感」を得て、「よしこれでいこう!」と思ってもらえるまで導くのがファシリテーションです。このファシリテーションのプロセスについても、本書で解説します。

価値を高める方法論

そのほか、ライフワークとして「バリューエンジニアリング」にも取り組んでいます。バリューエンジニアリングは、「価値工学」と訳されています。バリューエンジニアリングは米General Electric社で生まれた「モノやコトの価値を高める方法論」です。日本では、トヨタ自動車やいすゞ自動車、デンソー、日立製作所など、モノ作りのメーカーで取り組まれています。

バリューエンジニアリングでの価値とは「コストと機能の比」を指します。「Value(価値)= Function(機能・便益)/Cost(コスト)」の式で表されるのです。つまり、どれだけのコストをかけて、どれだけの効能・便益を得られたのか、その比が価値を表します。モノやコトの価値を高めるために「Function(機能)」に着目する方法を「ファンクショナル・アプローチ」と言います。このファンクショナル・アプローチを使って、体系的に問題を解決していく方法論が「バリューエンジニアリング」です。

バリューエンジニアリングは、もう50年以上も歴史があり、方法論として体系化されています。その体系の中に「VE 7質問」があります。問題解決プロセスの中で、どのような頭の働かせ方をするのかを問いかけの形で表現したものです。これについても本書で紹介します。

なぜ「質問するスキル」なのか

本書はシリーズ本であると同時に、セミナーをベースに作成していると説明しました。そのセミナーは全部で5つあり、実施する順番に並べると、次のようになります。

「質問するスキル」
「計画するスキル」
「考えるスキル」

「書くスキル」
「問題を解決するスキル」

本書のテーマである「質問するスキル」を最初に実施しています。なぜなら、ほかの4つのスキルを高めようとすると、「質問するスキル」がどうしても必要になるからです。

例えば、プロジェクトを計画するとき、言われたことをただタスクに分解し、順番を決めて、一つひとつ実行すればいいわけではありません。「そもそも、このプロジェクトは何のためにやるのか？」「プロジェクト終了時にどうなっていれば成功だといえるのか？」。こうしたことを明らかにしないといけません。そこでは質問するスキルが求められます。

文章を書くときもそうです。「この文章は何のために書くのか？」「読み手は何を知りたいのか？」を明らかにした上で、「読み手はどんな前提知識を持っているのか？」「読み手は何を知りたいと思っているのか？」を考えて書かなければ、相手に伝わる文章を書けません。

逆にいえば、質問するスキルがあれば、ほかのスキルを高めるのに非常に役立ちます。

質問が苦手な日本人

日本人の多くは質問が苦手と言われています。僕はちょくちょくセミナーの講師をやりますが、セミナーの中で「何か質問はありますか？」と聞いても、なかなか手は挙がりません。では質問はないのかというと、そうではなくて、休憩時間やセミナーが終わってから「質問があるのですが…」と個別に聞かれることがよくあります。

海外ではセミナーの中でもみんな積極的に手を挙げて質問をします。僕は毎年、米国で開催されるバリューエンジニアリングの大会に出席しているので、そのときの状況を説明すると、みんなバンバン質問します。その場で質問して、その場で議論にもなります。「積極的に」質問するという言い方がおかしく感じるくらい、みんな「普通に」質問します。自分の疑問や意見をぶつけることにまったく躊躇がありません。これは日本ではあまり見られない光景です。

私たち日本人は、どうも「質問してわかっていないと思われること」を恐れたり、そもそも「質問することは相手を攻撃することだ」と無意識のうちに思ってしまったりしている人が多いですね。これは、とてももったいないことです。なぜなら、議論の場での質問は、その場の価値を高めるからです。これは、個人的にわからないことを聞いていては得られないメリットです。自分が疑問に思っていることは、たいていほかの誰かも疑問に思っているものです。誰かが質問すれば「そうだったのかぁ」となるし、質問への回答を聞いてさらに「この場合はどう考えるのか?」と新たな質問が生まれ、さらにその場の価値が高まっていきます。

デキると言われる人は質問がうまい

僕はＩＴベンダーで働き、いまはコンサルタントとして活動し、これまで多くの人と接してきました。その経験を通して言えることは、「デキるＳＥ」「デキるプロマネ」「デキるコンサル」と言われる人たちは、おしなべて質問がうまい。相手の話をうまく引き出します。

逆にイマイチだなと思う人は、よくしゃべるけれども相手の話を聞いていないことが多いですね。自分のことばっかりしゃべっていて、相手の話を聞いていないのです。ＳＥやコンサルタントは、クライアントの要求を理解するのが仕事のはずですが、技術的な話や自社の売り込みの話ばっかりで、クライアントが何をしてほしいと思っているのかを引き出そうとする人は意外に少ない。自分に自信がないと、相手に質問されるのが怖かったり、双方向のコミュニケーションを取る自信がなかったりするからなんですね。クライアントと相対することに慣れていないと、相手から何か言われるのが怖いので、取りあえずしゃべってしまう傾向があります。

また、「そもそも、何を質問したらいいのかがわからない」ということもあります。だから、黙っているか、「わかりました。帰って不明点があればご連絡します」としか言えない。いま自分は何を聞くべきなのか、どこまで聞かなければならないのかがわからないんですね。

これは上司・部下の関係でも同じです。上司が部下に説明して、部下が「うんうん」と言いながらたくさんメモを取っているけれど、まったくわかっていないことがあります。上司が「わかったの？」と聞くと部下は「わかりました」と言いいますが、「じゃあ、どういうことか説明してみて」と言われて説明を始めるとトンチンカンな答えが返ってくることがあります。わからなければ質問すればいいのに、質問ができない、聞けない。なぜ聞けないのかといえば、部下は「こんな質問をしたら、こいつはできないと思われるんじゃないか」「質問すると、上司は気を悪くするんじゃないか」といった恐れを抱いているからです。

新人時代の大失敗

僕がＩＴベンダーの新人エンジニアだったとき、大失敗をしたことがあります。その頃、僕が所属していたチームは、クライアントから依頼を受けてカーナビゲーションの一部の機能を開発していました。ある日、クライアントのところに行って、開発途中のソフトを見てもらう機会がありました。もうかなり開発は進んでいて、ソフトも動いていたタイミングです。僕はそれまでクライアントと直接接する機会はなく、そのときが初めてでした。

クライアントにソフトを動かして見せると、「この画面の描画はもう少しスムーズにしてほしい」と言われたのです。そのころはカーナビに搭載するコンピュータは非力で、アニメーションのような表示をしようとすると、カクカクしてスムーズには表示できませんでした。そんな中で工夫し、何度も設計をやり直して、やっとスムーズに見えるようになったものをお見せしたのです。それでも「これじゃダメ」と言われてしまいました。

先に書いたようにクライアントとの直接のコミュニケーションは初めてだったので、どうしたらいいかわからなくなって、「これでもかなり頑張ったんですけど…」「もし作り直すなら納期に間に合いません」「作り直すか、納期を守るか、どっちか決めてほしい」と詰め寄ってしまいました。いま考えるとあり得ないことですよね。当時、僕は自分の技術力にも、コミュニケーション力にも、まったく自信がなくて、その自信のなさを隠そうとして自分の主張だけをしたのです。

クライアントはベテランの紳士な方でしたから、困った顔をしながらも「どっちか選べと言われてもねぇ」「少し方法を考えてみてくださいよ」というだけでした。当然、同席していた先輩にあとでかなり叱られました。

このとき、僕に精神的な余裕があって、質問するスキルがあったとしたら、どうしていたでしょうか。「どのあたりが特に気になりますか?」「なるほど、確かにそこは気になりますね」「どの程度のスムーズさが必要ですか?」「解決するにはライブラリに手を入れる必要があります。完全に対応しようとすると、少し時間が必要です。時間をいただけるとしたら、どれくらいお待ちいただけますか?」と質問していたはずです。

質問するほうが話はまとまる

質問するスキルがあれば、コミュニケーションが円滑になるだけではなく、クライアントが何を求めているかを明確にして、問題を解決することができたはずです。実際、そのとき、先輩エンジニアは解決の方針をクライアントと相談し、納期の調整までしていました。

それからの僕は、エンジニア、プロジェクトマネジャー、コンサルタントとして経験を重ねる中で、「自分が話すよりも相手に質問するほうが話はまとまるんだ」ということに気づき、質問によるコミュニケーションを試行錯誤してきました。本書をお読みいただくみなさんには、僕が経験した試行錯誤はショートカットできます。本書を読んで、実践いただければ、「質問上手」になれるはずです。

本書の構成

ここで本書の全体像を示しておきます。

第1章　質問するスキルの効用

本書を読むと得られるものを最初に示します。質問するスキルを取得するとどんな効用があるのか、僕自身の経験を交え、仕事でよくある場面を説明します。

第2章　質問するスキルの4要素

質問するスキルには4つの要素があります。「抽象化」「問いかけ」「フィードバック」「議論の見える化」です。質問は疑問文をストックすればうまくなるかというと、実はそうではありません。相手の思考を咀嚼したり、相手が安心して話せる状況を作ったりしなければ、良い質問をしても、よい結果を生み出すことはできません。第2章では、質問するスキルの要素を示すことで全体像を解説します。

第3章　問いかけで「要求」を引き出す

あらゆる仕事は「要求」から始まります。要求の出元は上司だったり、クライアントだったりしますが、仕事やプロジェクトの背景には必ず要求があります。この要求の明瞭度を高めることが、仕事の成果を大きく左右します。第3章では、「要求とは何か」「要求を引き出すために聞き手が持つべき思考回路とは何か」「何を、どこまで聞くべきなのか」について解説します。

第4章　問いかけで「人」を育てる

「部下が自分の頭で考えずに、答えばかりを求める」というのは、部下を持つ上司の共通の悩みです。しかし、実は上司自らが無意識のうちに部下を考えさせないようにしていることも多いのです。答えを与えるのではなく、「問いかけ」をすることで、部下の思考を深めて成果に導く。そうしたアプローチについて解説します。

第5章　問いかけで「議論」を深める

　変化のスピードが激しく、現状の延長線上ではないビジネス展開が求められる中、チームでアイデアを出し、議論を深めながら、問題を解決することが求められています。議論を生産的なものにするために欠かせないのが「ファシリテーション」です。ファシリテーターの力量によって、議論のアウトプットは何倍もの差が出てしまいます。「これだけ身につければ大丈夫」と言えるファシリテーションのスキルセットについて解説します。

第1章　質問するスキルの効用

1−1．質問するスキルが役立つ場面

具体的な解説に入る前に、まず本書のゴールを明確にしておきます。せっかく時間をかけて本書を読むわけですから、読み終わったときにみなさんがどのような状態になっているかをはっきりさせ、そこに向かって読んでもらいたいと思います。

本書のゴールは、以下の４つを満たすことです。

- 質問力を高める４つの要素を理解する
- 何を質問すべきかを知る
- どう質問すべきかを知る
- 普段の練習方法を知る

2つめの「何を質問すべきかを知る」について補足します。本書を手に取ったみなさんは、おそらく「うまい質問の仕方はないかな」「どんなふうに質問すればいいんだろう?」など、聞き方やインタビューの仕方、つまり「どう質問すべきかを知りたい」と思っている人が多いと思います。

でも、実は「どう質問するか」より、「何を質問しなければならないのか」のほうが重要です。何を聞くべきかをよくわからないままテクニック(例えば「オープンクエスチョンの方法」)をマスターしても、そもそも聞きたいことは何なのか、聞くべきことは何なのかがわかっていなければ、テクニックを持っていても宝の持ち腐れです。

スキルとは運用能力

本書のテーマは「質問するスキル」です。では、そもそもスキルとは何でしょうか。かつての勢いは失われつつありますが、ビジネス書の分野では「スキルアップ本」がよく売れています。また、「本を読んでスキルアップしています」とか、「セミナーに参加してスキルアップしています」といったことをよく聞きます。ただ、ここで語っている「スキル」

というのは、本来の「スキル」ではありません。

例えば「スキルアップ本」には、「面談をするときは、正面に向かい合うのではなく、少し斜めの位置に座るのがいいですよ」といったことが書かれていますが、これらは「テクニック（＝技術）」です。テクニックはスキルではありません。

いくらテクニックを持っていても、その使いどころがわかっていないと使えません。これを僕は「コンテクスト（＝文脈）」と呼んでいます。僕のスキルの定義は、「ふさわしいシーンで、ふさわしいテクニックを使えること」です。式に示すと次のようになります。

スキル＝テクニック＋コンテクスト

日本語で言い代えると、こうなります。

技能＝技術＋文脈

スキルとは「技能」です。使いこなせる力、運用能力のことを言います。

「いま何を聞かないといけないのか」という文脈をきちんと考えることが重要です。それがあって初めて、聞き方（例えば5W1H）というテクニックが生きてきます。コンテクストを理解しないまま5W1Hだけを意識して、「それはなぜですか、それはいつですか、それは誰がやるんですか」と聞いてもダメです。役に立ちません。

意味を知って練習する

まずは、最初に「何を質問すべきか」を知っていただきたい。何を聞きたいかを考えれば、「どう聞こうか」と自然に考えるようになります。そもそも、聞きたいことが明確でなければ聞きようがありません。テクニックは後からついてくると言ってもいいです。

テクニックの使いどころを知るというのは、テクニックの目的や意味を知ることでもあります。意味を知れば練習ができます。本を読んだだけでは、スキルは身につきません。練習が必要です。練習にはツールがあると効果的です。ここで必要なのは「思考のツール」です。本書ではそれを手に入れることができます。

おさらいすると、本書のゴールは次の4つです。

・質問力を高める4つの要素を理解する
・何を質問すべきかを知る
・どう質問すべきかを知る
・普段の練習方法を知る

この4つを意識しながら読んでほしいと思います。

仕事でよくある4シーン

仕事をしていると、次のような場面に出くわします（**図1‐1**）。

【場面1】

上司から「明日の朝までに資料を用意しておいて」と急に言われたので、残業して資料を作成し、翌朝までに何とか間に合わせて提出したところ、「こんな資料じゃダメだ」と言われる。

【場面2】

SEの人なら、クライアントから要求を受けたので、技術的な問題をクリアにして企画書を作成し、クライアントに見せたところ、「こんなのがほしいわけじゃない」「要求がわかっていない」と言われる。

【場面3】

結論の出ない不毛な会議。時間だけ長く、結局何のために集まったのかわからない。「で、

図1-1 よくあるシーン

- 上司の要求がコロコロ変わって、振り回される･･･
- クライアントから「要求がわかっていない」と言われた
- 結論の出ない会議が不毛だ･･･
- 部下が自分の頭で考えずに、指示を求めてくる･･･

うまく質問できたらなぁ・・・

何がしたいんですか？」と聞きたいけど、それを言えば「上司に盾突いた」と思われるから言えない。みんなそう思ってるけど、上司だけが気づいていない。

【場面4】

部下が自分で考えずに「どうしたらいいですか？」といつも聞いてくる。どうしたらいいかを聞く前に、まず「どうしたらいいかを考えてみろよ」と言いたい。もしくは、そう言ったとしても変わらないか、トンチンカンなことを言ってくる。

いずれの場面も質問するスキルがあれば解決できます。質問するスキルがあれば、相手の要求を引き出したり、会議を進行したり、部下に考えさえたりできるからです。

上司の要求を素早く引き出したい

もっと具体的な場面を紹介します。ここからは、本書のベースとなったセミナーでのやり取りを再現したものです。

——私は役員秘書を務めています。仕えている役員は非常に多忙で、資料作成などの指示を受けたとき、できるだけ役員の時間を取らないようにしたく、的確に要点を聞き出して正しくアウトプットを出したいと思い、「質問するスキル」セミナーを受けに来ました。

なるほど、確かに役員クラスの人たちは忙しい。役員ですから、仕事もバリバリこなしている人ですよね。そういった人たちは「1を聞いて10を知る」タイプが多いもの。自分が1を聞いて10を知るタイプだと、相手もそうあるべきだと考える傾向があります。こういうタイプの上司と一緒に仕事をするのは骨が折れると思います。的確に要点を聞き出すのに、質問するスキルは役立ちます。

会議の進行役をうまくなりたい

——私は社内の改善業務を担当しています。社内のメンバーの同意を取り付けて、プロジェクトを進める必要があります。会議の進行役をすることも多いのですが、メンバーから本音を引き出して、改善に前向きになってもらいたいという思いがあります。そのときに、質問するスキルが役に立つだろうと思って、セミナーを受講しに来ました。

改善業務にはいろいろありますね。業務プロセスの改善、開発プロセスの改善、組織改革など、対象はさまざまです。そういった改善や改革を進めようとするとき、現場の抵抗が必ずあるものです。人はどうしても現状の変更を嫌がります。慣れ親しんだ仕事のやり方を変えたくないというのは自然なことです。

でも、市場の変化が激しい時代ですから、昨日までと同じことをしていたら競合に勝つことはできません。だから、変わり続ける必要があるのですが、現場は作業効率が低下するのを嫌がります。実際、僕が業務改革のコンサルティングに入ったとき、現場の人に「何か困っていることはありますか?」と聞くと、「現状を変えられるのが一番困ります」と言われたことがあります。でも、これが本音なんですね。業務改革と言われても、自分たちにとって何がうれしいのかわからない。それが会社としてどんな成果を狙っているのかがわからなければ、とてもやる気になんてなれません。

こういったシーンでは、現場の視点で議論するのではなく、部署の壁を越えた組織全体や市場との関係といった視点にまで、議論を引き上げなければなりません。議論をし、多様な視点に触れることで視点が上がります。実際、「変えられるのが一番困る」と言っていた人は、議論する中で改革の必要性に気づいて、いまでは改革リーダーの1人として頑張っていらっしゃいます。

このような改善や改革を推し進める人たちに求められるスキルがファシリテーションです。ファシリテーションでは、本音を引き出したり、議論を整理したりすることが求められます。ぜひ、質問するスキルを身につけて、改善業務に役立てていただきたいと思います。

1―2. 質問することで得られるもの

では、そもそも「質問は何のためにするのか」を考えてみましょう。質問は何のためにするのでしょうか。質問することによって何を得ようとしているのでしょうか。こうしたことは普段、あまり考えることはないと思いますので、改めて考えてみてください。

質問することによって得られる効用・便益は3つあります（**図1-2**）。1つめは「情報を引き出す」です。情報とは自分の知りたいことですね。自分の知りたいことを引き出すために質問をします。2つめは「思考を促す」です。質問することによって思考が促されます。そして、うまく質問することで「関係を構築する」ことができます。これが3つめの効用です。

質問の効用を順番に説明します。

1つめは「情報を引き出す」。具体的に言えば、「自分が知らない知識を引き出す」「上

図1-2　質問するのは何のため？

1. 情報を引き出す
2. 思考を促す
3. 関係を構築する

司の要求を引き出す」「顧客の要求を引き出す」といったことです。いい質問をすれば、いい情報が得られます。同じ人にインタビューしたとしても、質問の巧拙によって得られる情報はまったく異なります。

良い質問は、良い思考を促す

２つめは「思考を促す」。良い質問は、良い思考を促します。それは部下に対してはもちろん、上司やクライアントに対しても同じです。さらに、自分自身に対してもそうです。「質問する」とは、言い換えると「問いを立てる」です。これは「考えること」とイコールです。「考える」という行為は、言い換えれば「自分に質問する」ことです。相手が自分であっても、自分以外の人でも、考えさせるというのは「問い」を立てることです。

少し前に、こんなことがありました。僕がお仕事させていただいているクライアント企業の休憩所での話です。前に僕の研修を受けられた人と立ち話になって「最近、どうですか？　変化はありましたか？」と聞きました。研修を受けてから時間が経っていて、その人も頑張っているという話は聞いていたので、そう聞いたんです。すると「あんまり変化は感じないですね。いろいろやってるんですけど」という返事でした。

仮に彼を「山田さん」としましょう。僕は気になったのでもう少し山田さんと話をしました。

「そうなんですね。山田さんは、ご自身の部署でいま何が問題だと思いますか？」と聞きました。すると、少し考えてから「上のやりたいことが下にちゃんと伝わってこない。どういう方向に進みたいのかがわからない」と話されました。さらに僕は聞きました。「じゃあ、その問題に対して、どんな貢献ができそうですか？」。すると、言葉に詰まってしまったんですね。「うーん、何ができるんだろう…」と。

逆に彼は「私に何ができるでしょうか？」と聞いてきたので、僕は「上司がいま何をしようとしているのか、どんな問題意識があるのかは聞いていますか？」と質問しました。彼は「聞いていません」というので、「自分から聞けませんか？」とまた質問したんです。「そっか。待つんじゃなくて取りにいけばいいんですね」と答えてくれたので、「いいですね」と答えて、さらに「上司が、いま何をしようとしているのか。その背景にはどんな問題意識があるのかを、まず理解したほうがいいですね。そして、自分にはどんな役割が求められてるのかを考える。じゃあ、その役割はいまの自分で十分に果たせるのかを考えて、いまの自分で足りなければ、スキルなり、知識なりを仕入れることも考えるといいですね」と僕は答えました。

質問は思考を方向づける

軽い感じの話だったのですが、あとで別の人から山田さんが次のように言っていたと教えてもらいました。「『いまの問題点は？』と聞かれて答えられなかった。自分はこれまで突き詰めて考えていなかったことがわかった。明確に答えられるようにまで、きちんと考えたい」と言っていたというのです。

あれ?と思いませんか。僕とのやり取りのなかでは「問題点は?」と聞かれて、「上のやりたいことが伝わってこない」とちゃんと答えていますよね。でも本人は「答えられなかった」と言っているわけです。これは会話のあと、ずっと自問が続いていたってことなんですね。「問題点はなんだろう?」「自分は本当に問題点を把握しているのか?」と自問し続けていたんです。で、「自分は問題点をわかっていなかった」という結論にたどり着いた。だから「答えられなかった」なんです。

山田さんは問題意識が高くてやる気もある人です。でも、自分の能力をどう発揮したらよいかがわからなくて、モンモンと悩んでいたのです。そんなとき、たまたま、何気ないやり取りの中で、「問題って何ですか?」「そのために何ができますか?」「何をクリアしないといけないですか?」と質問されたことで思考が動き始めた。人は質問されると、頭が勝手に考え始めるんです。

例えば、「好きな食べ物は何ですか?」と聞かれたから考えますよね。質問されると自動的に考えるものです。考えないほうが難しい。「好きな食べ物は何ですか?」と聞かれると、食べ物のことを考えてしまうものです。

質問するという行為には、相手の思考を方向づける力があります。質問されると考えざるを得ない。だから、よい質問をすることによって、相手の思考をいい方向に導くことができます。相手を深く考えさせたり、ポジティブに考えさせたり、本質的に考えさせたりできるのです。

良い質問は、良い関係を築く

質問することの3つめの効用は「よい関係を築く」。人間関係を築くとき、何が一番重要でしょうか。『人を動かす』(創元社発行)という本があります。著者はデール・カーネギーという人で、原著の初版が1937年発行なので、80年近く前に書かれた本です。毎年、4月になると売れるそうです。よく「新社会人に進める本」として紹介されます。この本の中に「重要感を与える」と書かれています。

人は何よりも自分に興味があり、誰しも「自分は大したものだ」と思いたい。だから、自分に興味を持ってくれる人に興味を持つのです。自分のことばっかり話している人を好きになれますか？「僕はこれで、あれで」と、飲み会でもよくいますね、自分のことをずっとしゃべって、相手の話を聞かない人。相手が話しているときには、次に自分が何をしゃべろうかと考えている人です。そういう人を好きになれるかというと、あまり好きにならないと思います。

相手に質問をするというのは、「私はあなたに興味を持っています」「私はあなたのことが知りたいです」という意思表示です。だから、上司であれ、部下であれ、顧客であれ、自分に興味を持ってくれて、質問をしてくれる人に、人は親しみを覚えます。質問は、相手と自分をつなぐ架け橋になってくれるわけです。

就職活動で見いだした質問の威力

僕が質問の力を初めて感じたのは大学4年のときです。ちょっと長くなりますが、そのときの話を書きます。

僕は大学では文学部で言語学を専攻していました。ＩＴベンダーに就職することになりますが、ソフトウエアとは関係のない分野です。ちょうどそのころは「ＩＴ革命」という言葉が使われていた時期で、「これからはＩＴだ」と深く考えることもなく思いついたんですね。そこで、ソフトウエアエンジニアになろうと思って、就職先を探しました。それが大学４年生の７月。ほとんどの人は就職活動が終わっている時期です。たいていの人は３年生の秋くらいに就職活動を始めていました。でも、僕は1年と2年のとき、ほとんど大学に行かず、バイトと武術に明け暮れていました。卒業までに１２０単位くらいを取らないといけないのに、３年生になったとき、まだ20単位くらいしか取れていなかったのです。1年で取れる単位は最大50なので、３年と４年は休まずに学校に行く必要があり、就職活動をする時間がなかったんですね。

３年の秋に、大学の就職課による就職活動の説明会があったので、一応参加してみました。就職課の人は偉そうに「そんなことでは社会人になれませんよ」みたいなことを最初に話して学生にショックを与えます。彼らはそういう役割なんですけどね。でも、ガキンチョだった僕はそこで誓うわけです。「絶対にこいつらの言いなりに俺はならん」と。学校を通さないで就職活動をしようと決めました。でも、単位を取るのに忙しくて、気がついたら4年の7月になっていました。

周りの友人は、40社、50社と回って、やっとの思いで内定を取ってきたのを知っています。「これはやばい」と焦りましたね。「ソフトウエアエンジニアになろう」と思って、めぼしい会社に電話してみました。そのころはインターネットがまだそんなに普及していなかったのです。電話をしてみると、たまたま電話した会社から「1週間後に会社説明会があります。本年度最後の説明会です。来ますか？」と言われたのです。

それが僕の就職活動1日目。リクルートスーツも持っていないので、慌てて店に行ったのですが、着てみると恐ろしく似合わない。もうなんでもいいやと思って、普通の黒のスーツを買い、会社説明会に行きました。説明を聞くと「この会社はおもしろそうだ」と思って、エントリーしました。

1次面接と2次面接は通り、最終面接が社長でした。それまで僕は面接の練習をしていないので、「御社」とか「私（わたくし）」とか言えませんでした。敬語もまともに使えない。そこで僕は、こう決めるわけです。「大阪弁で乗り切るしかない」。大阪弁は「はる」をつければすべて敬語になります。例えば、「される」じゃなくて「してはる」にするのです。

最後に社長から「何か質問ある?」と聞かれる

そうやって何とか乗り切ってきたのですが、最後に社長から「何か質問ある?」と聞かれました。「しまった」と思いました。何も考えていなかったからです。一夜漬けで読んだ面接対策の本には「何でもいいから質問しなさい」と書いてあったことを思い出すのですが、用意していなかった。これはやばい。

そこで考えるわけです。就職活動日数はわずか数日でしたが、「今まで面接を受けてきて、非常に自由な社風だと思いました。若い人が非常に活躍しているのが印象的です。一緒に面接を受けた人とも帰りにいろいろと話をしましたが、『こんな会社はほかにない』と言っていました。どうやってこんな社風を作ったんですか？　なぜこういう雰囲気にされているんですか？」と聞いたのです。もちろん、大阪弁で。

社長は関西の人ですから、隣にいる採用担当者に「こいつは営業入っとるな」と言って笑いながら、「それはな。うちの会社は出る杭を伸ばしたい。だから、若い人はどんどん上に行ってほしい。そう思っているから、若い人の活躍の場を作るし、自由な発想で仕事をしてもらえるようにしているんだ」と答えてくださったのです。

その次の日だったと思いますが、「内定です」と電話をもらいました。そのころは「超買い手市場」と言われる学生には厳しい環境でしたが、就職活動を始め、わずか1カ月、実質数日で内定をもらえて就職しました。

なぜ受かったのかを改めて考えたとき、最終面接の最後に、あの質問が浮かんだからだと思います。僕は事前に質問を用意できていなかったけれども、本当にその会社に興味を持って「なぜだろう？」と思ったことを聞いたのです。興味がなかったら、出てこない質問だと思います。想定問答集に載っているような質問ではなくて、「御社に、あなたに興味があります」ということを表現した質問だった。だから、関係が築けたんだと思います。

僕は入社した後もずっと社長にかわいがっていただきました。チャンスもたくさんもらいました。すべて最終面接の質問から始まっていると思います。良い質問は良い関係を築き、チャンスをつかむ力があると思います。

良い質問ができると「情報を引き出す」ことができるし、自分・他者にかかわらず「思考を促す」こともできる。さらに、周りとの「関係を築く」こともできる。非常に使い出のあるスキルです。

第2章　質問するスキルの4要素

2－1．質問を要素に分解

「情報を引き出す」「思考を促す」「関係を築く」。質問するスキルを身につけると、この3つの効用を得ることができます。ではここから、「質問するスキル」を分解し、どのような要素を身につける必要があるのかを説明します。僕は質問するスキルには4つの要素があると考えています（**図2-1**）。

「つまり」を捉える思考

1つめが「抽象化思考」です。相手の言っていることは、「つまり、どういうことなのか」をつかむ力です。相手の言っていることを「咀嚼」「要約」する。

コミュニケーションが苦手な人の特徴の1つに、「言葉そのものに反応する」「字面に反応する」というのがあります。例えば、企画書を上司にレビューしてもらっているとします。そのとき、上司が「これをクライアントに見せるのはいつだっけ？」と言ったとしましょう。このとき「今週末です」とだけ答える人は、コミュニケーション上手とは言えま

質問するスキルの4要素

図2-1　質問するスキル 4つの要素

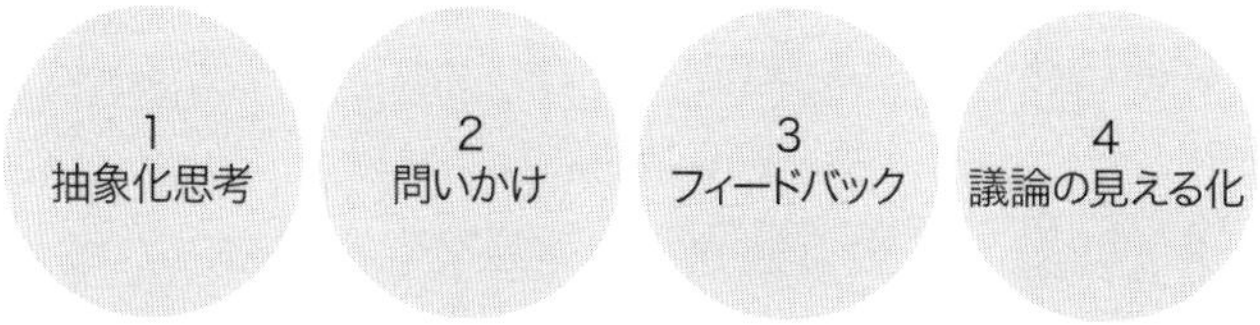

せん。確かに上司の問いには答えていますが、「いつ見せるのか？」の奥には、問いを発した「意図」が隠れているはずです。「あとどれくらいブラッシュアップに時間を使えるのか」かもしれませんし、「このレベルだと話にならないから、ゼロベースでやり直したほうがよさそうだけれど、時間的に間に合うのか」かもしれません。

このように相手の発した言葉だけにとらわれてしまうと、その奥にある意図を見逃してしまうことになります。それを避けるには、相手の言葉の「つまり」を理解することが欠かせません。この「つまり」を捉える思考が「抽象化思考」です。

2つめが「問いかけの技術」です。どんなふうに相手に質問すればいいか。「オープンクエスチョン」や

「5W1H」といった問いかけの仕方や、問いかけるタイミングなどですね。テクニックの部分です。

3つめが「フィードバック」です。コミュニケーションを取るとき、「相手にちゃんと伝わっているだろうか？」と気になるものです。このとき、「あなたの言いたいことはこういうことですね」とか、「あなたの言いたいこと、わかっていますよ」と相手にフィードバックをしてあげる。相手が話したことを受けとめて、抽象化して、「それはつまりこういうことをおっしゃっていますか？」「私はこういうふうに理解しました」と、自分の考えていることを返してあげる。また、フィードバックすることで、同じ言葉を使っていても違う意味・意図で使っていたり、論点がズレていたりしても、早く軌道修正することができます。フィードバックすることで、相手は安心して話すことができます。

「見える化」した資料は価値がある

4つめが「議論の見える化」です。ファシリテーションをするときは、ホワイトボードを使って板書し、議論を見える化します。この板書の巧拙によって、議論の深まりがまったく違ってきます。話し合うだけでは、お互いの認識が合っているのかどうかわかりません。どうしても空中戦になります。お互い、わかっているようで違う話をしているといったことになってしまうもの。空中戦では議論のプロセスが迷走し、あっちに行ったり、こっちに行ったりと、整理もしづらい。

そうしたことを回避するために、文字化する、絵にする、図にする、など、いろいろな方法があります。こうした「見える化」をすることによって、議論の交通整理がしやすくなり、お互いの共通認識を確立しやすくなります。

議論の見える化は、多人数が集まって議論するときだけではなく、マンツーマンのときも有効です。例えば、目標設定の面談などです。僕自身もコンサルティングをするときにマンツーマンで実施することがあります。マンツーマンだと、ホワイトボードは使いにくい。そんなときは、リーガルパッドやレポート用紙、もしくはコピー用紙で代用し、議論の内容を見える化しながら進めます。

この「見える化」した資料は価値があります。僕はクライアントのところに行ってコンサルティングをする際、事前に時間をかけて作成した資料（スライド形式が多い）を持っていきますが、その資料よりも、走り書きに近い、議論を見える化したメモのほうが、クライアントに価値を感じてもらえることが多いですね。スライド形式の資料は労力を掛ける割りに、あまり喜ばれません。「お持ち帰り感」はあると思います。コンサルタントが作った、すごく凝縮されたスライドにはいろいろなことが書かれていて、「すごいな」とクライアントも思ってくれます。でも、持って帰って読み返すかというと、読み返さないんですよ。

一方で、一緒に議論しながら作成したメモは、見返すことも多いし、見ればどんな内容の議論をしたのかをすぐに思い出すことができます。それは、議論して一緒に作り上げた、生々しい成果物だからです。手書きにしたもの、ホワイトボードに書いたものをパワーポイントで起こしても、まったく違うものに見えます。それは生々しさが失われるからです。

手書きしたメモやホワイトボードの板書は、メモをそのままコピーしたり、スキャンしたり、写真に撮って残したりしておけば、議事録を書き起こす必要もなくなります。時間の節約にもなってとても合理的です。

次章からは、シーンを想定し、質問するスキルの4要素（「抽象化思考」「問いかけ」「フィードバック」「議論の見える化」）をいかに使いこなすかを解説します。第3章で想定するシーンは「要求を引き出す」、第4章は「人を育てる」、第5章は「議論を深める」です。

第3章　問いかけで「要求」を引き出す

3―1．要求を理解しているのか？

本章では「要求を引き出す」シーンを想定します。「要求」という言葉は、ソフトウエアの世界ではよく使われます。「要求分析」とか「要求定義」といった言葉ですね。少しいかめしい響きですが、クライアントや上司が「〇〇してほしい」と思っていることと考えればいいのです。

要求をいかに引き出して理解するか。これが一番、みなさんにとって切実というか、日々の仕事に直結する話だと思います。仕事は、クライアントや上司の要求から始まります。「こういうことをやってください」「こんな資料を作ってほしい」、もしくは「こういうプロジェクトを始めてください」と要求されるわけです。要求のないところに仕事はありません。

仕事が遅いのは要求の理解不足が原因

要求をうまく引き出せない、もしくはきちんと理解できないために、仕事がうまくいか

図3-1 仕事（プロジェクト）が遅れる理由
［実行不全の要因は、要求の理解不足に行き着く］

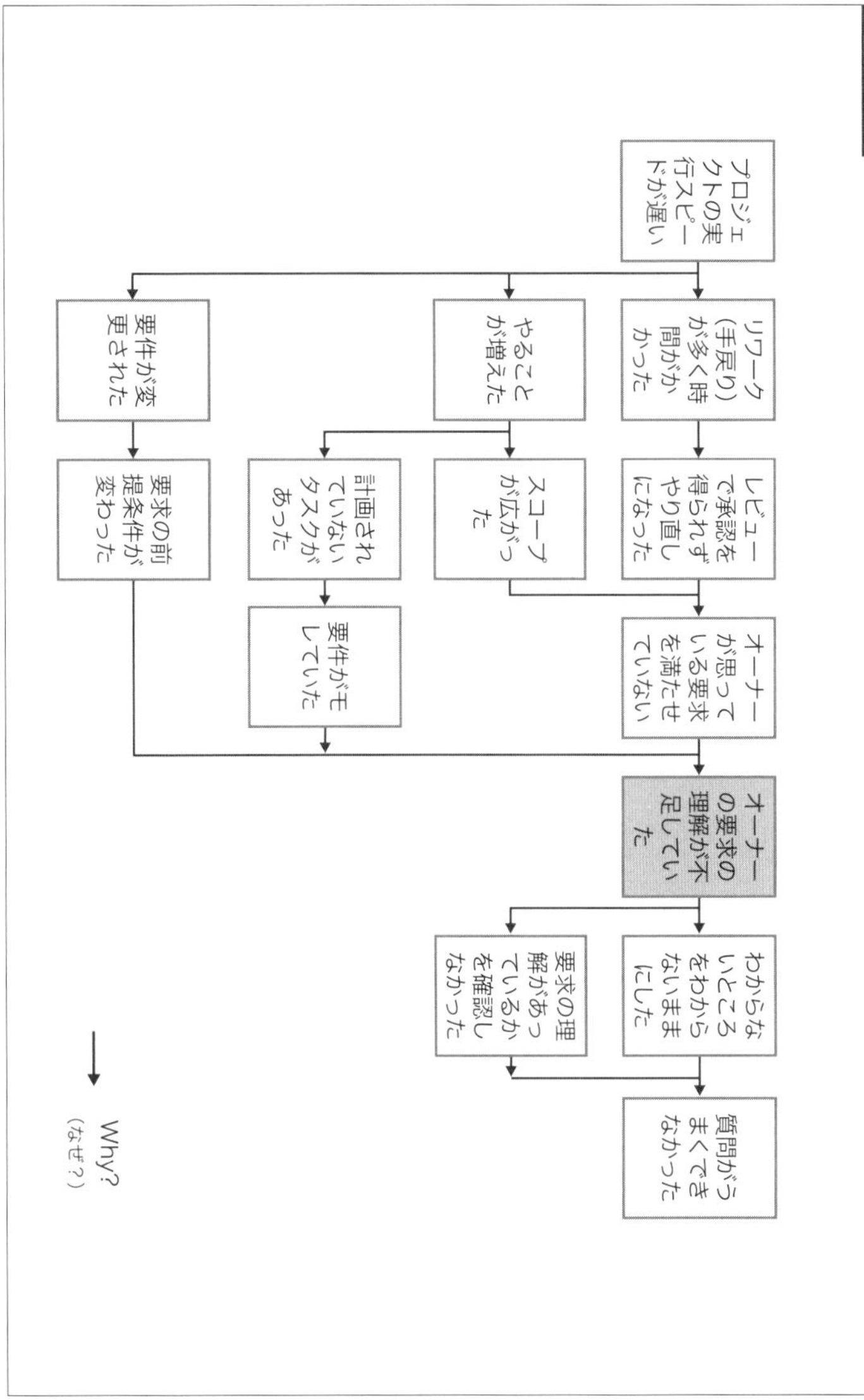

ないことがよくあります。**図3-1**を見てください。これは仕事やプロジェクトが遅れる理由を分析したものです。

「プロジェクトの実行スピードが遅い」という現象があります。この現象の直接的な原因としては、「リワーク（手戻り）が多く発生した」「やることが増えた」「要件が変更された」があります。これらは1次要因です。この1次要因の奥には、いろいろな要因が隠れています。

例えば、リワーク（手戻り）。やり直しのことですね。なぜ、リワークが発生したのかを考えると、レビューでダメ出しをもらってやり直しになった。なぜ、やり直しになったのかというと、プロジェクトオーナー、もしくは上司の要求を満たせていなかったからですね。なぜ要求を満たせていなかったのかというと、成果物の質やレベルの問題もあるかもしれませんが、そもそも要求をちゃんと理解できていないことが多いわけです。

「やることが増えた」についても、その奥には「スコープ（作業範囲）が広がった」があります。なぜ、作業範囲が広がったのかを考えると、設定した作業範囲や計画した作業では、要求を満たせなかったからです。「これで要求を満たせる」と思っていたけれども、「それじゃ足りない」と言われてしまうケースです。

要求は変わったのか？

そんなとき、要求の受け手としては「要求が変わった」と言いたくなります。でも、そもそも最初に要求を踏み込んで聞いていたのでしょうか。相手の発する言葉だけで判断し、相手が本当に「してほしい」と思っていることを理解していなかったのではないでしょうか。相手の発する言葉だけで判断するということは、「相手が要求を正確に、わかりやすく、自分たちに伝えてくれるかどうか」に依存するということです。これではプロの仕事とは言えませんね。

僕自身、常に相手の要求を完璧に理解できるわけではありません。理解したと思って進めているうちに「要求が変わった」「前回言ってたことと違う」と思うときもあります。でも、そこで、「要求をちゃんとつかめていなかったんだ」と思い直すようにしています。

すると、いろいろと反省点が出てきます。「もっと早い段階で要求のイメージが合っているかどうかを確認すべきだった」「あのタイミングで軌道修正できたかもしれない」「逆に、いまのタイミングでズレを修正できるのでよかった」とかですね。

「要件が変更された」もそうです。背景には、前提条件の変化があります。例えば、市場の変化です。新製品の開発プロジェクトを進めていたとします。当然、「競合と差異化した製品を市場に投入したい」という要求に基づいているわけで、競合他社が似たような製品を発表したとすると、製品そのものを見直す必要があります。ここで、製品を作ることを目的化してしまっていると、「要件が変更された」となってしまうわけです。これは真に要求を理解していたとは言えないですね。そもそも「なぜ、製品を開発しようとしたのか？」「このプロジェクトでどんな成果を期待していたのか？」を考えないといけない。

要求をつかめなければ、仕事を失う

「要求がないところに仕事はない」と書きました。もっと言うと、相手の要求を理解できなければ、仕事を勝ち取ることはできません。情報システムを調達するとき、発注側の企業は「ＲＦＰ（Request For Proposal）」を出します。「提案依頼書」と呼ぶ文書で、そこには要求が書かれています。ただ、それを読む側のベンダーからすると、ＲＦＰを読んでも、いま一つ理解できないことが多いもの。どんなデータを扱うか、どれくらいの数の利用者がいるか、サポートはどうしてほしいか、障害時の復旧は何時間以内か、そういう具体的なことは書かれていても、「そもそも何を解決したいのか」が明確になっていないことが多いからです。

ですので、発注する企業の担当者に質問して要求を引き出さないといけませんが、質問する側のベンダーも具体的な質問ばかりしているケースがあります。「アクセスが多くなる時間帯はいつごろですか」「同時に何人くらい使えるようにすべきですか」など、「どうやってシステムを作るか」の視点でしか質問をしない。これでは要求を理解することはできません。

要求を理解しないまま、何とか提案書を作って、プレゼンテーションをしたとします。こういったプレゼンテーションのときは、情報システム部門だけではなく、業務部門の人が参加することが多いです。その人たちに向かってシステムの話ばっかりしてもダメです。「うちのシステムはこんなに使いやすい」「カスタマイズに柔軟に対応します」みたいな話ばかりしても、業務部門の人に響くわけがありません。結局、案件を逃してしまいます。

プロでも要求理解は難しい

僕はPMO（プロジェクトマネジメントオフィス）として、クライアントのシステム調達に関わることがあります。その際、複数ベンダーの提案プレゼンテーションを聞きますが、要求をしっかりと理解し、その要求を満たしている提案ができるベンダーは多くありません。むしろ、ほとんどないと言っていいと思います。

それはなぜかというと、要求の引き出し方を知らないからです。SEといわれる人たちは、本来は要求を引き出し、それを咀嚼し、実現方法を考えるプロです。要求を基にシステムを開発し、要求を基にプロジェクトを実行するのが彼ら/彼女らの仕事なんですから。でも、要求を引き出して分析し、具体的な仕様に落とし込むことができる人は、SEの中でもごくごく一部しかいないのが実情です。

ことほど左様に、要求を引き出し、それを理解することはプロでも難しい。その奥には「うまく質問ができない」という問題が隠れているんですね。

3―2. 要求理解を阻む3つの要因

ここで疑問が湧きます。なぜ、要求を理解するのは難しいのでしょうか（**図3-2**）。大きな要因は3つあります。1つは「言葉の壁」。もう1つは「抽象度の壁」。最後は「意識の壁」です。それぞれ説明します。

要求の理解を阻む要因①言葉の壁

まずは、「言葉の壁」です。同じ言葉でも、人によって、その意味するところが違います。例えば、「友だちが犬を飼い始めた」と聞いたとします。「犬」と聞いたとき、みなさんの頭の中に描かれるイメージはどのようなものですか？

セミナーの受講者に聞いたところ、次のような答えが返ってきました。

――かわいらしい

図3-2 **なぜ、要求の理解はむずかしいのか？**

1. 言葉の壁
2. 抽象度の壁
3. 意識の壁

――番犬みたいな
――トイプードル

僕なら、自分の飼ってた犬をイメージしますね。それぞれ、イメージするものがまったく違います。「犬」と言われると大型犬をイメージする人もいれば、プードルとかチワワなどの小型犬をイメージする人もいます。具体的な犬種ではなく、「かわいらしい」というイメージを描く人もいます。

犬と聞いて「怖い」とイメージする人もいます。僕の古い友人は、小さいころに近所の犬に噛まれてから、犬が怖くてしょうがない。たとえ小さい犬であっても、決してかわいいなんて思えないそうです。つまり、同じ言葉であっても、イメージするもの、つまり意味が

図3-3 言葉は情報が削ぎ落とされている
［表現されるのは意味全体の断片にすぎない］

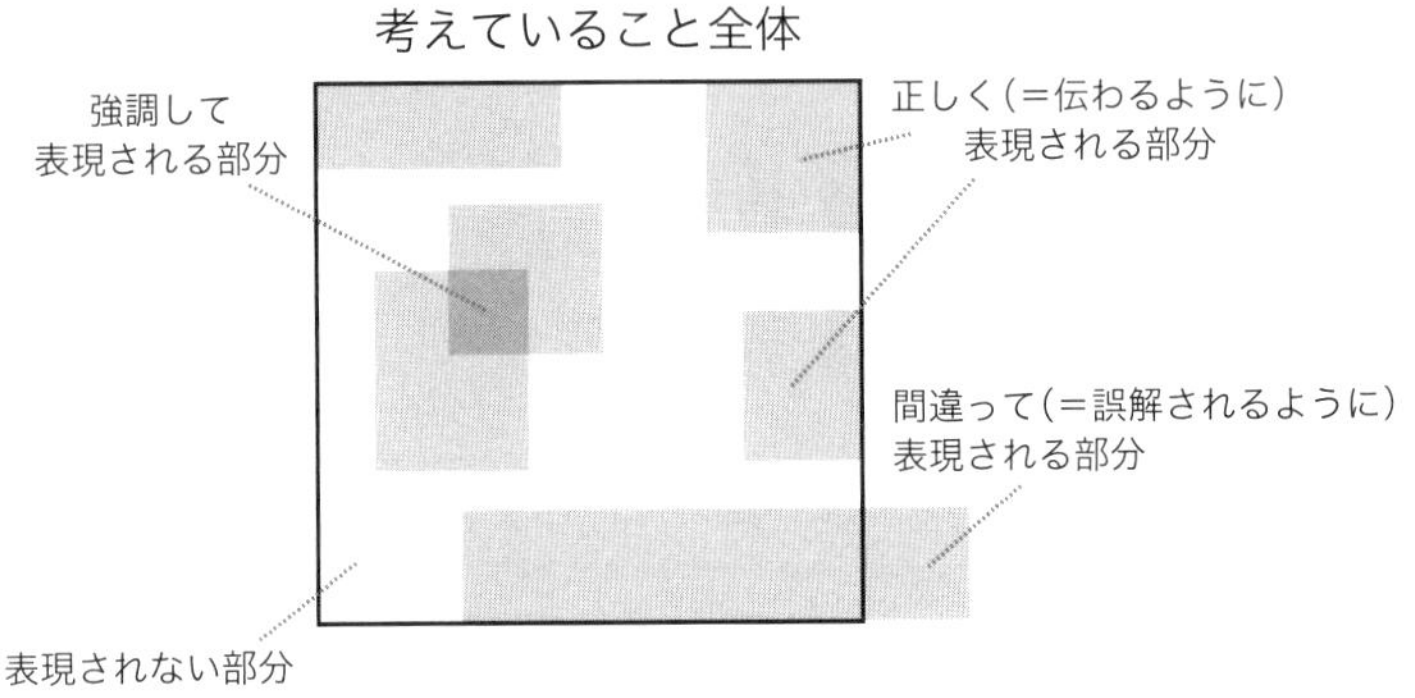

人によって異なるということです。

言葉は考えの一部しか表現できない

言葉は抽象化されています。抽象化とは、情報を削ぎ落とすことです（**図3-3**）。例えば「犬」という言葉で説明すると、一匹一匹の犬はそれぞれ違うけれども、それぞれの犬が共通して持つ特徴に対して「犬」というラベルを張る。個々の犬の特徴は削ぎ落とされているわけです。

「システム」という言葉も、人によってまったく意味が違います。IT系の人が「システム」といえば「情報システム」を指すでしょうし、経営者の人は「ビジネ

図3-4　言葉の壁

- 言葉で表現されるのは考えの一部でしかない
- 言葉で正しく表現されるとは限らない
- 表現された言葉を同じ意味で理解できるとは限らない

表現を変えて、折り返す

スモデル」を指すかもしれない。

「マネジメント」という言葉もそうです。部下に指示を出すことが「マネジメント」だという人もいます。作業の進捗を管理することが「マネジメント」だという人もいるでしょう。人によってまったく意味が違います。

つまり、言葉は考えていることの一部しか表現できない。言葉はラベルでしかないので当然です。さらにいえば、言葉の使い方が間違っていることもあります。相手が言っていることがすべて正しいわけではなくて、表現がふさわしくないかもしれない。そうすると、間違っているかもしれないラベルだけを受け取っても、要求を理解できるわけがありません。これが言葉の壁です（**図3-4**）。

言葉で表現されるものは、考えの一部にすぎません。正しく表現されるとは限らないし、受け取るほうも同じ意味で理解できる保証はないわけです。だから、意味を受け取って、表現を変えて「この認識で合っていますか？」と折り返さないといけないのです。

要求の理解を阻む要因②抽象度の壁

次は、「抽象度の壁」です。同じ言葉でも、人によって抽象度が違います。「○○してほしい」という言葉には、「要求」レベルがあれば、「仕様」レベルも、「指示・作業」レベルもあります（**図3-5**）。

セミナーの座席レイアウトを例に説明します。僕が講師をする場合、「違う背景を持った人たちで交流をしてほしい」「異なる視点をシェアしてほしい」と考えているので、グループに分かれてもらうことが多いです。

図3-5 抽象度の壁
［抽象度がちがえば、意味もちがう］

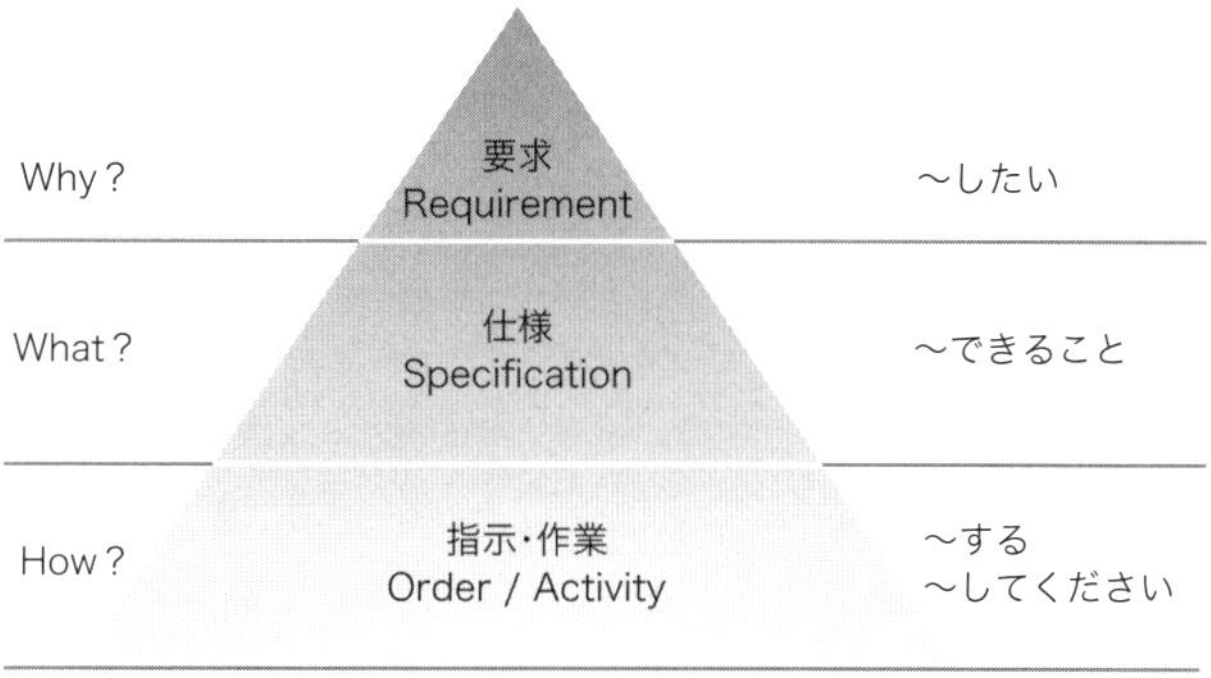

要求というのは文字通り「〇〇したい」です。どういうことを実現したいのか。セミナーの座席の例でいえば、「違う背景を持った人たちで交流してほしい」という要求があり、その要求を満たすために「グループ分けをする」という仕様があるわけです。

仕様とは、どのような手段で要求を満たすのかという方法のことです。「5人が座れる島にする」「お互いの顔が見えるように配置する」も仕様です。

指示・作業は、どのようなアクションで仕様を実現するかです。行動ですね。例えば、「長机を倉庫から運んでくる」とか、「イスを並べる」とかです。

これが「要求―仕様―指示・作業」の関係です。抽象度は「要求」が一番高い。「違う背景を持った人たちで交流してほしい」というのは、具体的な手段や作業をまったく規定していません。手段や行動は何でもいいわけです。仕様になると、少し具体的になります。指示・作業になると、行動、つまり実行可能でなければならないので、具体的です。

上司は「仕様レベル」で要求を伝えようとする

ここで注意すべきは、表現としては「要求」ではないけれど、実際には「要求」であることがあります。

例えば、みなさんの会社から新商品を出すことになり、上司から「プロモーションイベントをしてもいいね」と言われたとします。部下であるみなさんは、早速イベント会場を探し、プログラムを組んで、関係部署に協力を要請するでしょう。講演してくれる人を当たるかもしれません。この場合、部下であるみなさんは上司の言葉を「仕様」として捉え、仕様を「指示・作業」に具体化して行動したわけです。

しかし、この一連のやり取りには「要求」がスッポリ抜け落ちています。「そもそも何のためにプロモーションイベントをするのか？」ということです。おそらく上司は「知名度や認知度を高めたい」「潜在顧客へのリーチを広げたい」という要求を持っているはずです。

要求は、カタチのないものです。「こういうことを実現したいなぁ」くらいでしかない。それを「どういう形で実現するのか」「どういう段取りでやるのか」と、ブレークダウンしていくわけですが、上司は要求を示さず、いきなり仕様レベルの話をすることがあります。「プロモーションイベントもいいよね」もそうした例です。「そもそもそれって何がしたいんですか」ということはあまり語られない。聞かなければ語られません。

上司の指示は「例えば」にすぎない

知名度を高めたり、リーチを広げたりするためなら、プロモーションイベントでなくてもいいんですね。上司も「例えば」プロモーションイベントもいいね、と言っているだけだと考えられます。言ってるほうは、要求の実現手段（仕様）の1つの「例」として挙げただけで、知名度が高まれば、手段は何でもよいと思っているはずです。

上司にとって「プロモーションイベント」は、要求を伝えるための1つの例なんだけれども、それを受け取るほうは確定した仕様として捉え、確実にプロモーションイベントを具体化しようとしてしまう。上司は要求として言っているのに、部下は仕様として受け取る。上司としてはどんな手段でもよいのに、部下はイベントという手段を早く企画しなきゃ、となる。1つの同じ表現なのに、話し手と受け手の意図する抽象度がズレていると、意味が違ってくるわけです。

このまま要求を理解せずにイベントを企画すると、そもそもの要求を満たせないイベントになる可能性が高いですね。さらに言えば、「知名度を高める」のが要求ではなくて、「販路を広げる」「販売店とのパイプを強くする」が要求だとすると、まったく的外れのイベントになる可能性すらあります。

要求の理解を阻む要因③意識の壁

最後は「意識の壁」。これは、「思い込み」などによって作られる「壁」です。ここでは簡単に「プロジェクトのオーナーとリーダー」を例に説明し、あとで詳しく解説します。

ほとんどのプロジェクトリーダーはオーナーの要求を明確につかんでいないものです。でも、「自分はプロジェクト要求を理解している」というリーダーの思い込み、意識の壁があります。

オーナーはリーダーに対して「なんで、要求をちゃんと理解できていないんだ！」と思っています。言い換えれば、「自分はちゃんと要求を伝えている」と思い込んでいます。でも、実際には驚くほど伝わっていません。

リーダーは「わかりません」とはなかなか言えないものです。「どういうことですか？」と何度も尋ねるのは、はばかられる。「わかりました。ちょっと考えてみます」と言いながら、机に戻って「何がしたいんだろう?」「どうすればいいんだろう?」と悩むわけです。

でも、オーナーはリーダーが悩んでいることに気づかない。伝わったと思い込んでいる。

ここにも意識の壁があります。

3―3. 要求を考える思考

抽象度の壁で説明したように、すべての「仕様」「指示・作業」の奥には、「要求」が隠れています。「仕様」や「指示・作業」から、「要求」を考える練習をしてみましょう。

丸テーブルの「要求」は何か?

僕は本の原稿を書くとき、六本木ヒルズの49階にあるライブラリーをよく利用します。会員制で、本もたくさん置いてあって自由に読めるので重宝します。置いてある本は割引で買えます。そこにはカフェゾーンがあって、東京タワーも東京スカイツリーも見え、非常に景色のきれいなところです。原稿を書くときなんかは、ここでよく作業します。六本木ヒルズの49階というと、ものすごく高級なイメージを持たれるかもしれませんが、月額料金はリーズナブルで、会社帰りに勉強したり、本を読んだりする人がたくさんいます。

このカフェゾーンには、「丸テーブル」がたくさん並んでいます。なぜ丸テーブルなんでしょう? パソコンを使ったり、ノートに書いたりするには、丸テーブルではなく四角いテーブルのほうが使いやすいと思います。でも、あえて丸テーブルを使っています。

この丸テーブルというのは「要求―仕様―指示・作業」の関係でいえば、「仕様」です。この仕様の奥には「要求」、つまり意図があるはずです。わざわざ丸テーブルを使う理由です。なぜ丸テーブルにしたと思いますか？　六本木ヒルズの人に聞いたわけではないので正解はわかりませんが、みなさん、イメージしてみてください。

セミナーではこんな意見が出ました。

――余分なものを置かずに、考えることに集中するため

それも1つかもしれませんね。これは僕の中になかった発想です。そのほか、こんな意見もありました。

――好きなところに、好きな人数で座れる

図3-6
なぜ丸テーブルなのか？
［仕様から要求を考えてみる］

- 机の向きをそろえなくていいようにしたい
- 利用できる人数を増やしたい
- 多様な人数に対応したい
- 好きな向きで座れるようにしたい

いいですね。好きなところに、好きな人数で座れる。それもありそうです。

ほかにもいろいろあると思います。僕が考えたのは「テーブルの向きをそろえないようにしたい」です（**図3-6**）。四角だとどうしてもテーブルの向きを意識してしまい、「そろえよう」としてしまうものです。

あとは、先ほどの意見にもありましたが「利用できる人数を増やしたい」。1人で座ってもいいし、3人で座っても4人で座ってもいい。多様なニーズに対応できますね。また、丸テーブルにすると専有面積が小さくなるので、テーブルの数も増やせます。

そのほか、「好きな向きで座れるようにしたい」もあると思います。例えば東京タワーを見ながら仕事をしたい人もいるし、レインボーブリッジのほうを向きたい人もいます。実際、いろいろな向きでみんな座っています。

要求には階層がある

少し考えてみると、仕様の奥にある「要求」が見えてきます。この思考回路を身につけると、何かが目に入るたびに、「この仕様の要求はなんだろう?」と考えるようになります。習慣になります。仕様の奥にある「要求」を知ることが、仕事においては非常に重要です。

では、要求と仕様の構造をツリー形式で見てみましょう（**図3-7**）。左から3つめのハコに「要求」があります。例えば「丸テーブルを使いたい」といった要求です。「丸テーブル」と指定している時点で既に仕様の一部（「形は正円」）が要求に入りこんでいますが、多くの場合、要求はこのように「要求を仕様で表現したもの」になります。なぜなら、要求を出す人は、「要求」と「仕様」の関係なんて意識しないからです

要求は仕様の表現を借りて示されるので、ポイントは、この図の左方向に考えていくこ

図3-7 要求と仕様の構造

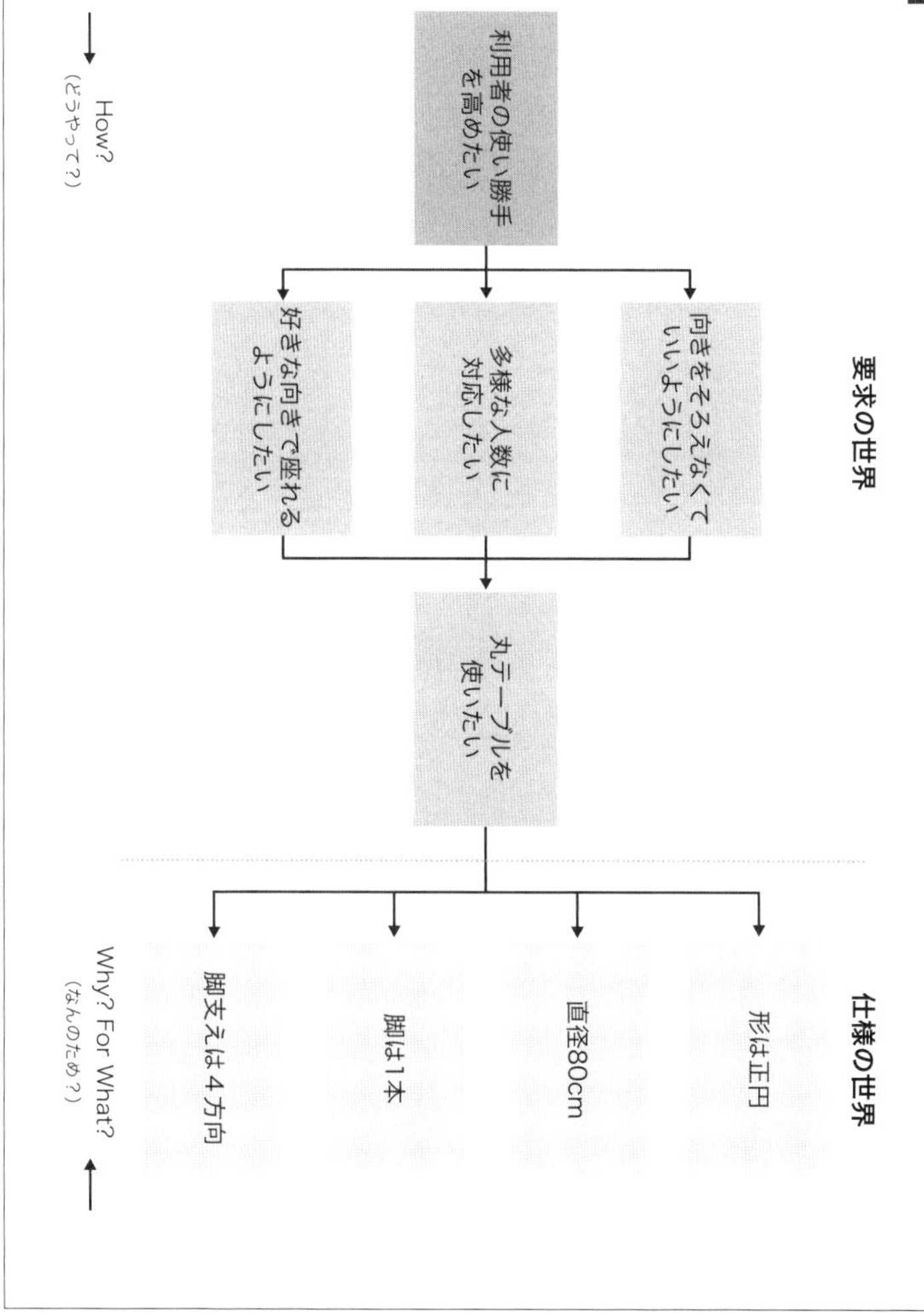

とです。言い換えれば、要求の抽象度を上げていく。要求には必ず上位の要求、上位の目的があります。「なぜ、そうしたいのか」ですね。より抽象度の高い目的に上っていくことができます。つまり、要求には階層があることがわかります。

仕様は階層を持たない

一方で、仕様には階層がありません（**図3-8**）。それ以上はブレークダウンできない。例えば丸テーブルの場合、形は円にしましょう、直径は80センチにしましょう、脚は1本にしましょう、というと、これは具体的な指示になります。仕様にはその下のレベルはなく、階層化することができません。

要求はどんどん上に上っていける。「机をそろえなくてもいいようにしたい」「多様な人数に対応したい」「好きな向きで座れるようにしたい」という要求は、「利用者の使い勝手を高めたい」という上位要求にできます。要求には階層があるけれども、仕様には階層がない。これは覚えておいてください。

図3-8 要求と仕様の構造

- 要求には階層がある
- 仕様には階層はない
- それ以上ブレークダウン(具体化)できないものが仕様

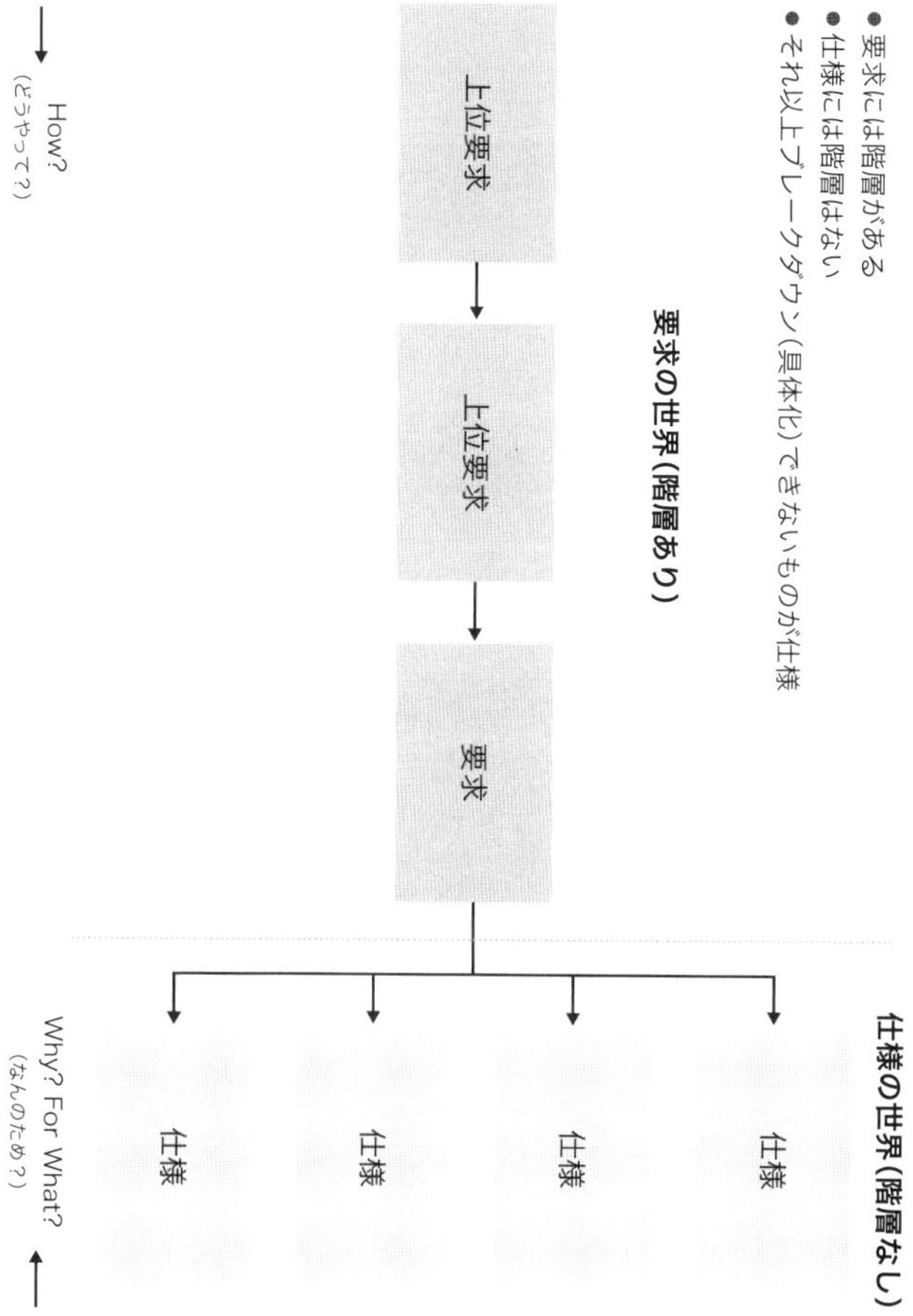

駅までの道を聞かれたら

もう1つ、練習してみましょう。六本木ヒルズを歩いているとき、旅行者と思われる人から「大江戸線の六本木駅はどこですか?」と聞かれたとします。そうした場合、「前の大きい道を右方向に300メートルほど行ったら、地下鉄の入り口がありますよ」などと答えるでしょう。

でも、仕事では、これではダメです。大江戸線の駅に行きたいということは、地下鉄に乗りたいわけですよね。地下鉄に乗りたいということは、どこかに行きたいわけですよね。もし「渋谷に行きたい」とすると、東京の地理に詳しい人ならわかると思いますが、大江戸線で青山一丁目駅まで行って、半蔵門線に乗り換えて渋谷駅に行くことになります。六本木と渋谷は直線距離だとすごく近い。でも、乗り換えしないと電車では行けないんですね。でも、六本木ヒルズにいるわけですから、ビルの1階のバス乗り場に行けば渋谷行きのバスがあります。タクシーで行っても1500円くらいです。つまり、上位目的、ここでは「渋谷に行きたい」を知ることで、別の方法、もっといい方法を教えることができるかもしれません。仕事では、このように頭を働かせないといけないのです(**図3-9**)。

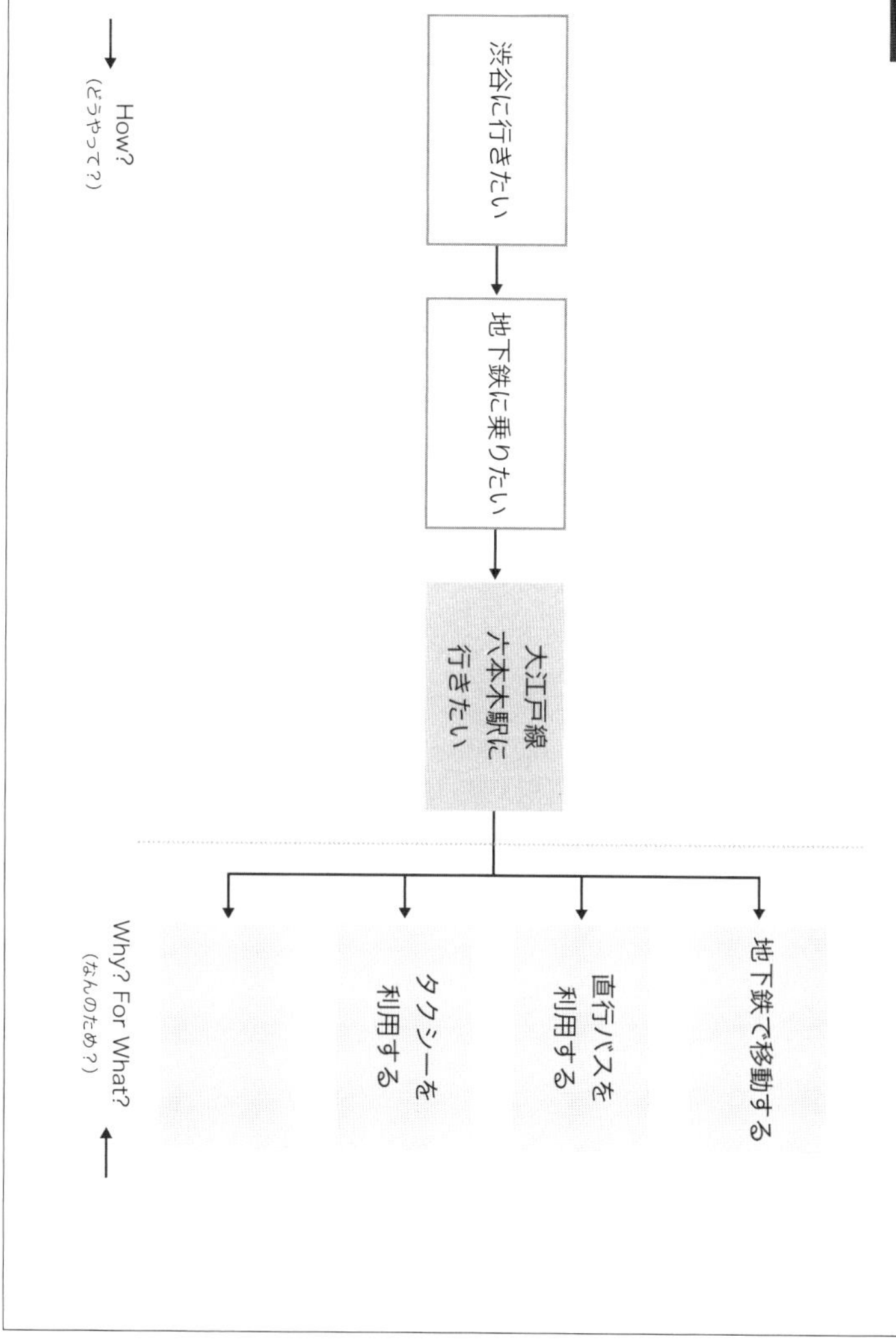

図3-9 大江戸線六本木駅に行きたい
［上位目的を理解する］

言っていることが「やりたいこと」だとは限らない

ローカルな話ですが、この本のベースとなったセミナーは、東京・秋葉原の「ダイビル」という建物で実施しました。秋葉原って結構大きい駅なので、初めて来たとしたら、まず迷うと思います。そのために、案内状には出口からの地図が示されています。だからといって、駅構内を歩いている人に「ダイビルはどちらですか？」とはたぶん聞かないと思います。東京はビルだらけで、ビル名だけでどれかを言える人はまずいないからです。

おそらく「(案内状に描いている) ○○出口はどっちですか？」と聞くと思います。出口なら駅にいる人ならわかると思うからです。でも、本当に行きたいのはダイビルです。ダイビルと言ってもわからないと思うから、相手がわかることに変換して聞くのです。

プロモーションイベントの例もそうです。「認知度を高めて」と言っても、おそらく部下はどうしたらいいかわからない。だから、「プロモーションイベントをやって」と言っているわけですね。上司が要求ではなく、仕様レベルでなぜ話をするかというと、要求レベルで言っても相手に伝わらないからです。伝わらないと思っているから、「例えば」プロモーションイベントなんかもいいよね、というわけです。それを受け手が「プロモーションイベントをやりなさい」と解釈してしまう。ここに意識の違いがあります。

「なぜプロモーションイベントなんですか?」「このプロモーションイベントで何を実現したいんですか?」と聞かないといけません。上位要求、上位目的を聞く必要があるということです。

「中目黒に住みたい」の要求は?

さらに別の例で説明しましょう。

みなさんが東京で不動産屋に勤めているとします。ある日、お客さんが来ました。その人は大阪から来た会社勤めの人で、転勤で来月から東京に住むことになったとします。そのお客さんが「中目黒でマンションを探している」と言いました。みなさんなら、このあと何を聞きますか?(**図3-10**)。

図3-10 要求：中目黒に住みたい
［奥にどんな上位要求が隠れているか？］

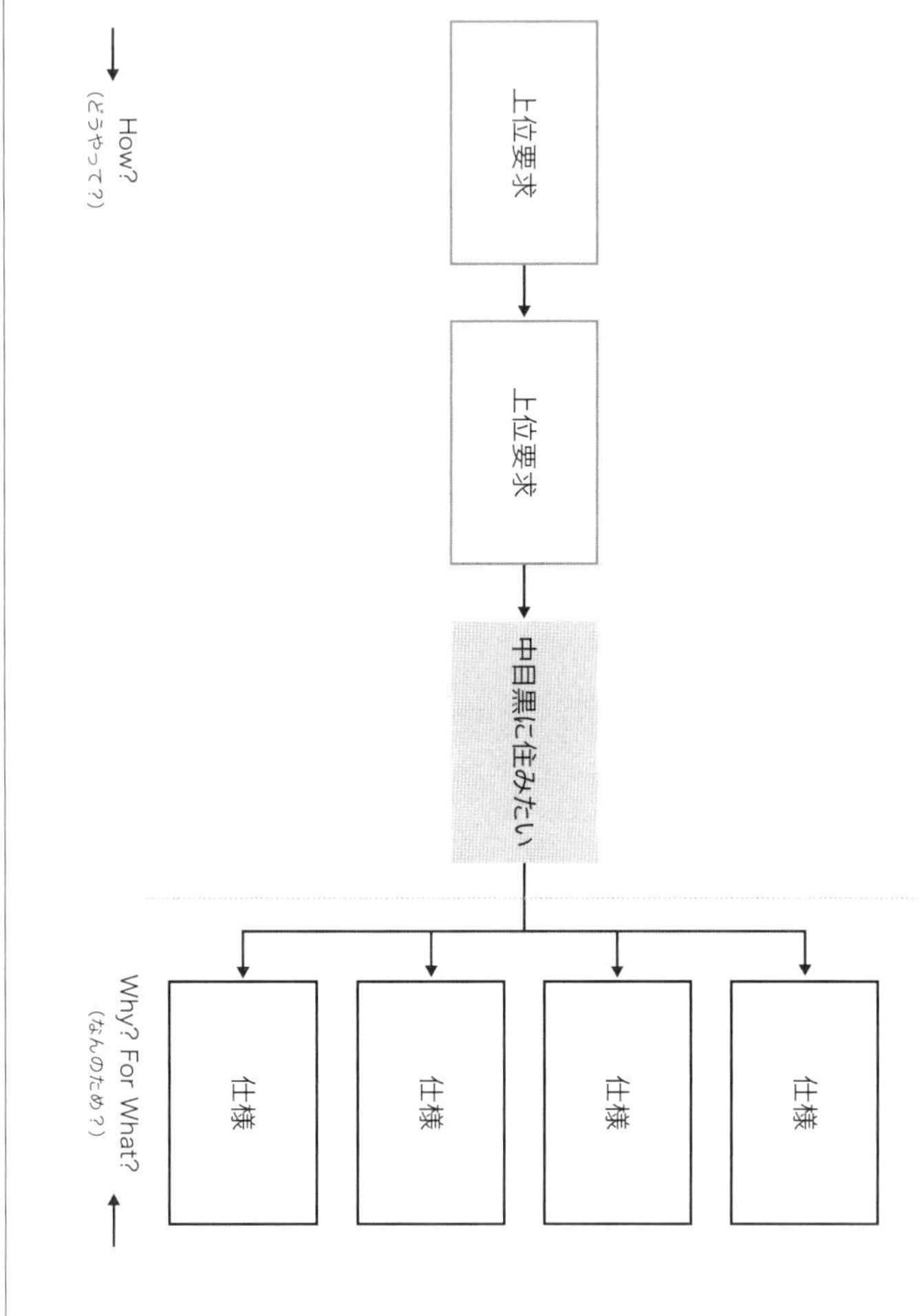

「家賃はいくらまでですか？」
「駅から徒歩何分ぐらいだったら許容範囲ですか？」
「間取りはどんな感じがいいですか？」
「お風呂の追炊き機能は必要ですか？」

おそらく、こんなことを聞くのではないでしょうか。これは具体化しようとしているわけです（**図3-11**）。

この具体化しようとする思考は、先ほどのツリーでいうと右方向「Ｈｏｗ？」の思考です。この思考は、例えば上司から何かを頼まれたときに「いつまでですか？」「どんな情報が必要ですか？」と聞いてるのと同じです。これは早く仕様を確定してしまおうという思考です。

条件に合う物件を中目黒で探したけれども、指定された条件では物件が見つからない。そこで「いい物件が見つかったらご連絡します。連絡先を教えていただけますか」と連絡

図3-11 右方向の思考
［多くの人は具体化しようとする］

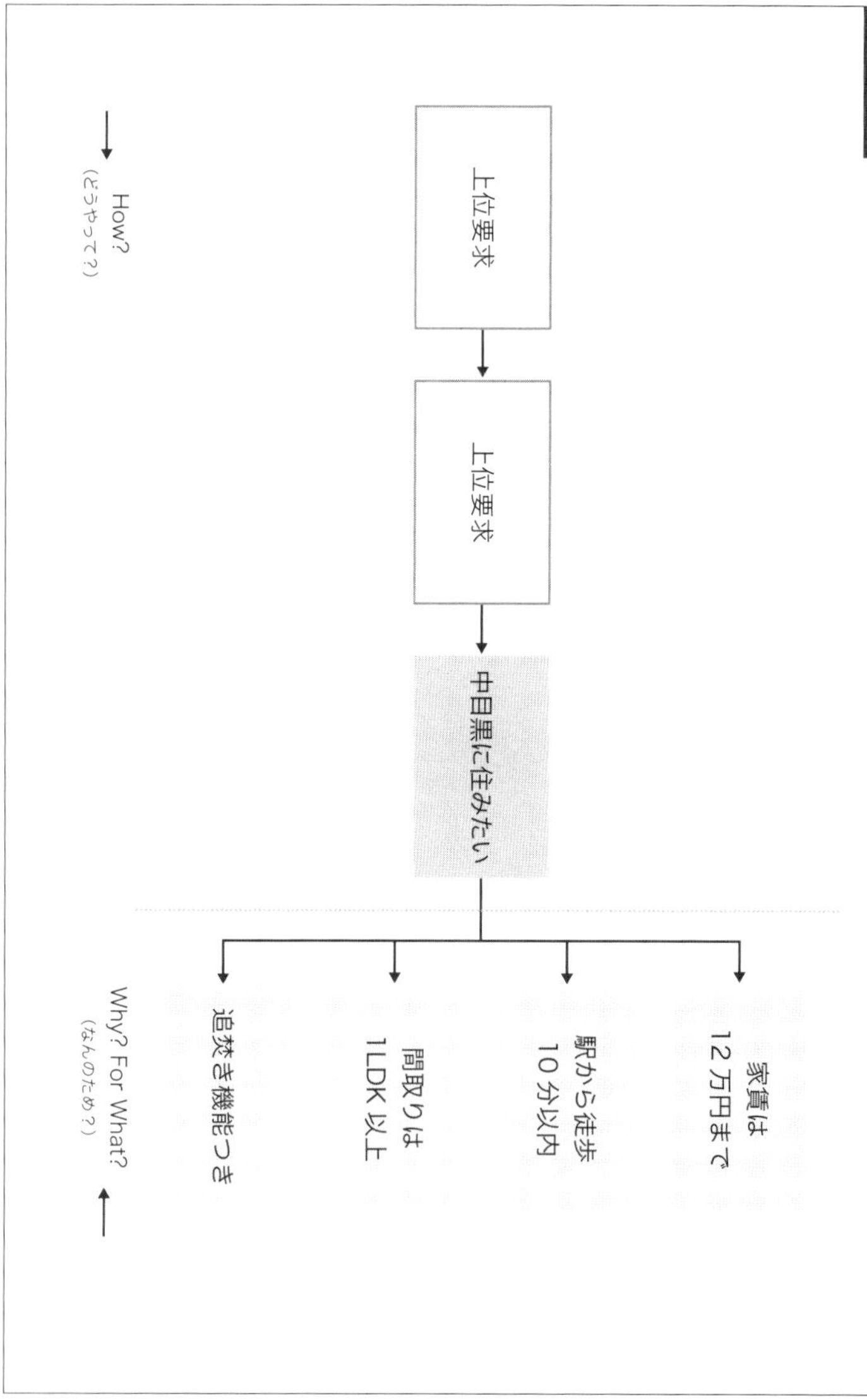

先を聞き、1週間後、ちょうどいい物件が出てきたとします。お客さんに電話をします。

「いいのが出てきたんですよ」
「すみません、もう決まっちゃったんです」
「ああ、そうなんですか、中目黒でいいのがありました？」
「いいえ、吉祥寺でありました」。

「え、中目黒じゃなかったの？」「なんで、吉祥寺なの？」と思いますよね。東京の地理に詳しい人はわかると思いますが、中目黒は東急東横線ですが、吉祥寺はＪＲ中央線か京王井の頭線で、全然別の路線です。

左向きに考える

ここで考えるべきは、「なぜ、お客さんは『中目黒に住みたい』と言っていたのか？」です。僕は大阪出身で、東京にもう十何年前に出てきましたが、そのころ東京にはどんな街があるのか、まったく知らない。そういう人が東京に出てくることになったとしたら、どんなことを考えて家を探すでしょうか？

先ほどは右向きの思考、仕様を決める思考で考えましたね。今度は左向きの思考、「要求」をつかむ思考で考えてみましょう。

「中目黒に住みたい」というのを上位（＝左向き）で思考すると、僕もそうでしたが、ミーハーな大阪の人間が考えそうなことは、「知名度の高いところ」「みんなが知っているところ」「友だちに言ったらわかる街」「おしゃれなイメージがある街がいいなぁ」ということです（**図3-12**）。

この時点で「中目黒（なかめぐろ）」の「な」の字も出てきませんね。さらに上位を考えると、「通勤圏内で人に自慢できるところに住みたい」という真の要求があるかもしれません。「中目黒に住むことによって何を実現したいんですか」「本当はどうしたいんですか」と考えることが大事です。

図3-12 左方向の思考
［真の要求はなにか？］

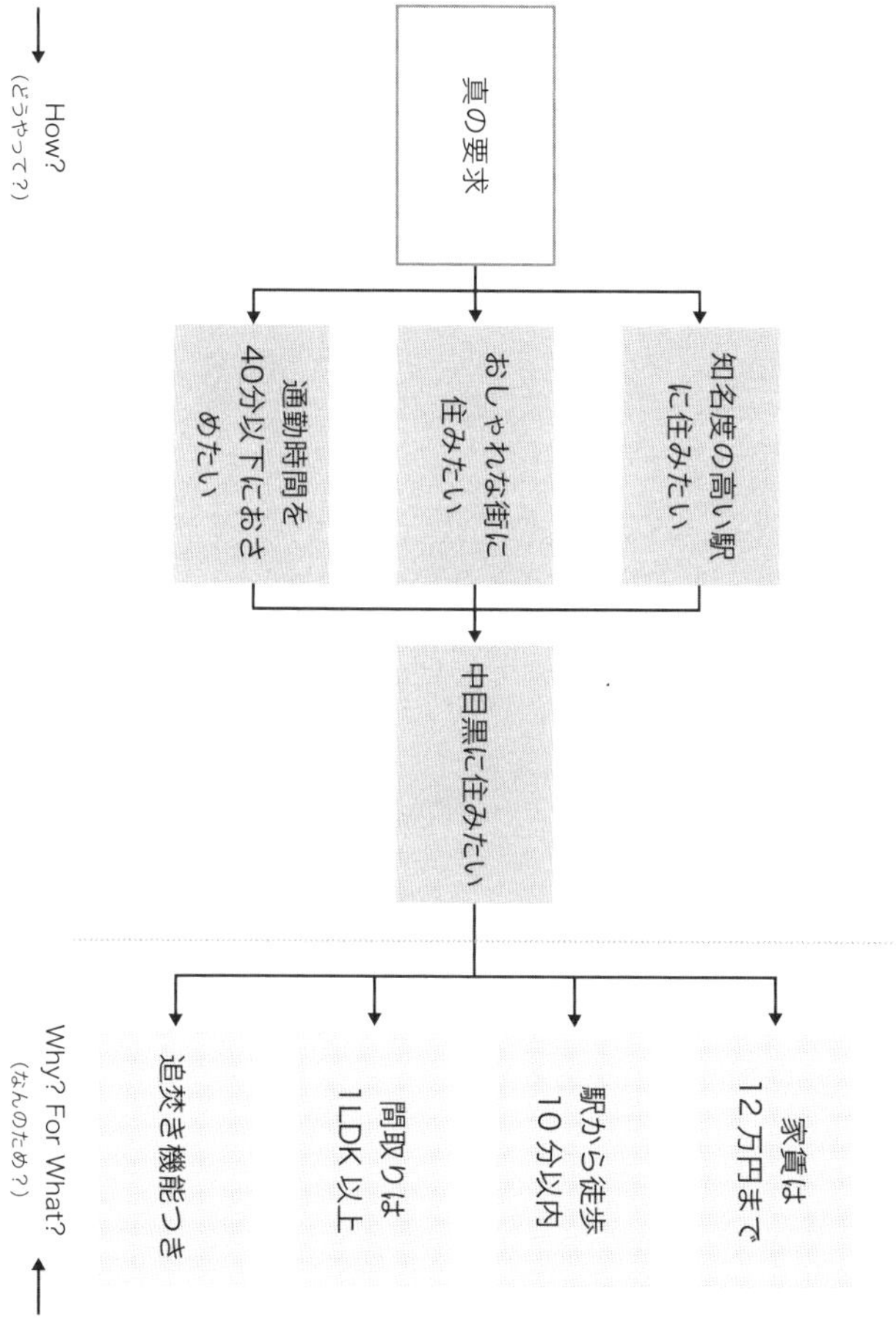

でも、多くの人はその真の要求を聞こうとせず、仕様ばかりを聞こうとする。これは逆です。質問する方向が違います。

右向き思考は自由度を下げる

みなさんは普段、「報告書を作ってくれ」と上司から言われたら、「いつまでに必要ですか？」「どんなページ構成で作りますか？」と聞いていませんか。これは全部、右方向の思考です。具体的にすればするほど、行動しやすい・取りかかりやすいから、そのように聞いてしまうのです。

ただ、「行動しやすい」「取りかかりやすい」というのはクセモノです。なぜかというと、行動しやすい・取りかかりやすいというのは、自由度を低くするからです。

先ほど、こう言いました。「要求を満たすことができれば、仕様はなんでもいい」と。つまり、上位の目的を理解すればするほど、自由度は高まります（**図3-13**）。中目黒じゃなくても、吉祥寺でもいい。ほかにもいろいろおしゃれな街、有名な街はあります。もし

図3-13 **左方向の思考**
［真の要求はなにか？］

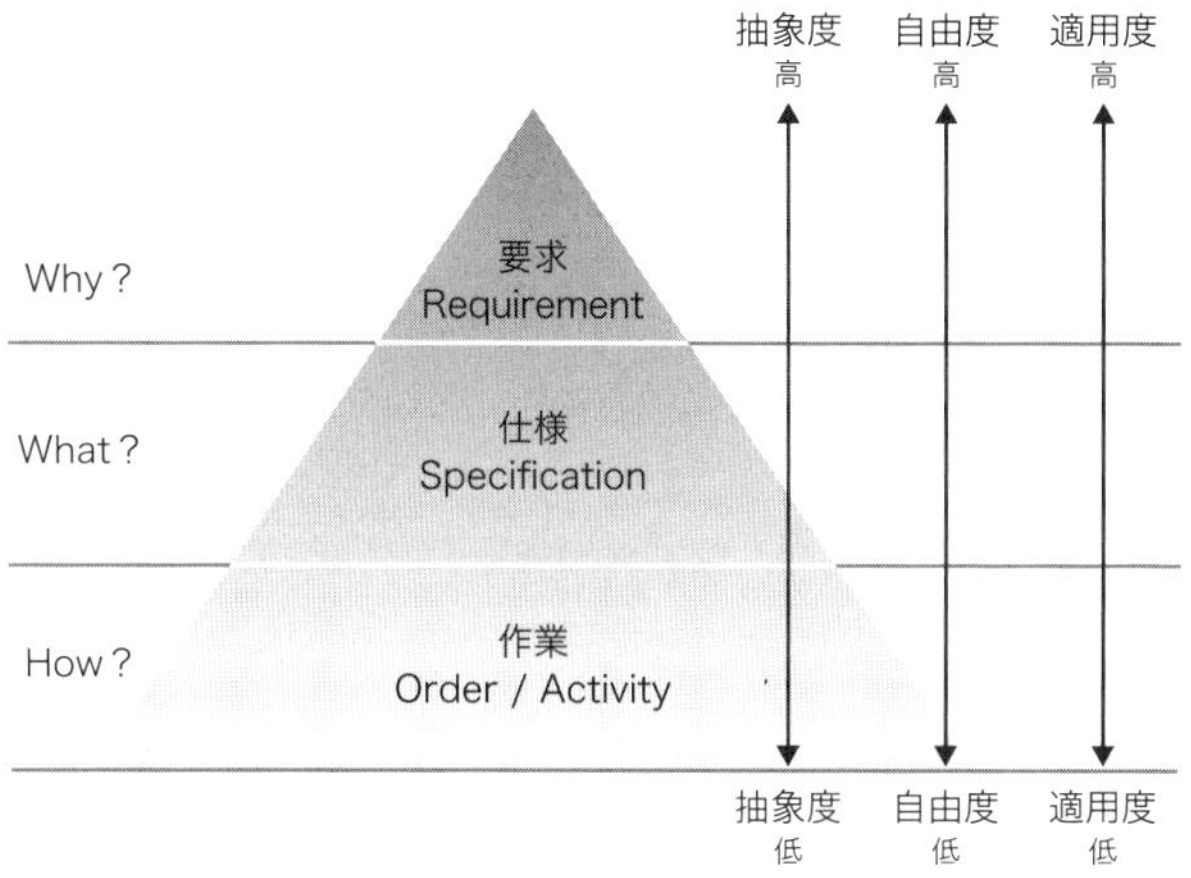

かしたら、中目黒の隣駅でもいいかもしれない。この場合は、人が知っていればいいわけです。人に自慢できればいいわけです。それは自由度が高いということです。選択肢がたくさんあるということです（**図3-14**）。

自由度を高めるためには、抽象の階段を昇らないといけない。「それは何のためですか？」「それは何に使いますか？」などと問いかけて、自由度を上げる。自由度を上げたら、今度は「ほかに方法はありますか？」と抽象度を下げていくわけです（**図3-15**）。

図3-14 左方向の思考
［真の要求を理解しなければ、ちゃぶ台返しが待っている］

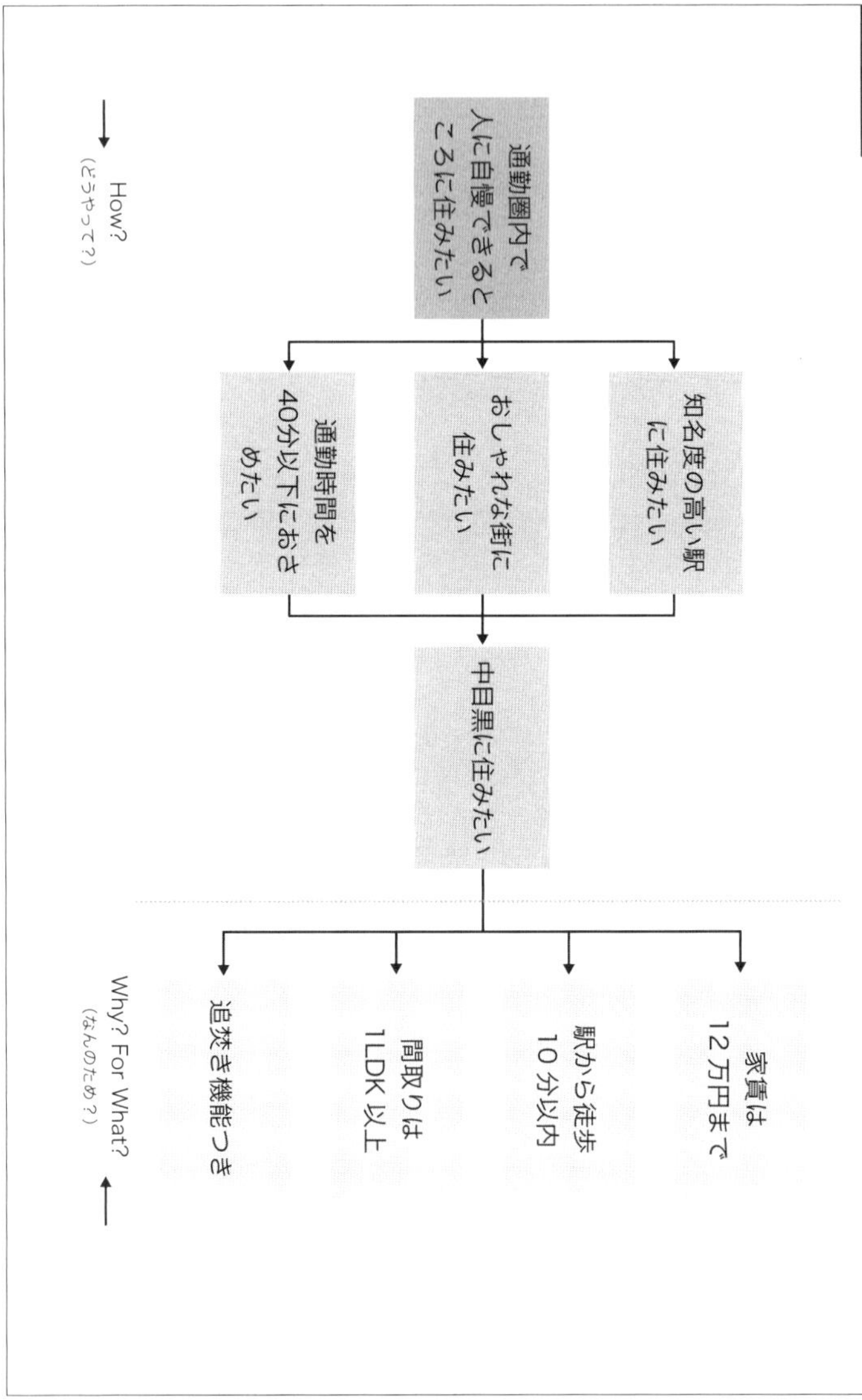

図3-15 **自由度を高める質問**
［抽象の階段を昇り降りする］

- それは何のためですか？
- それは何に使いますか？
- それがないと困ることは何ですか？
- その目的を果たすために、ほかに考えられる方法はありますか？

問いかけで抽象度を高める

例えば、システム開発プロジェクトを考えてみます。ビジネスの状況が変わったので当初の仕様を変更したにもかかわらず、予算を増やしてもらえない、どう考えても納期を間に合わせるのは無理だ、という状況になることはよくあります。そうした状況でも発注側は「決めた納期に間に合わせてください」と求めてくるものです。

でも、なぜその納期にこだわるのでしょうか。要求を理解すれば自由度が高まります。僕は発注側のコンサルティングに入ることも多いので、そのときの経験に基づけば、多くの場合、全部の機能が納期にそろっている必要はありません。例えば納品日に経営層に特定の機能を見せないといけないのなら、その機能を優先して開発すればよく、全機能がそろっている必要はありません。だったら、段階的に納品することが可能になります。自由度が高ければこのような議論が可能になります。「仮に、全機能の搭載が難しい場合、これだけは外せないって機能はどれでしょうか？」と問いかけることで選択肢が増える、つまり自由度が高まるわけです。

3―4．バリューエンジニアリング的思考

左方向の思考は非常に重要です。左方向に進めば抽象度が高くなって自由度も高くなり、適用度も高くなります。これを「VE的思考」と呼んでいます。

本書の冒頭で、バリューエンジニアリング（以下、VE）の話を少ししました。VEでは、モノやコトの価値（値打ち）を「V（価値）＝F（機能）／C（コスト）」の式で表します。つまり、価値（Value）とは、そのモノやコトがもたらす機能（Function）と、そのために犠牲となるコスト（Cost）の比で表すコトができるということです。ここでいう機能、ファンクションは、言い換えれば目的であり、便益です。

マーケティングの世界ではよく「ドリルを売るな、穴を売れ」と言います。顧客はドリルというモノがほしいわけではない。ドリルを買うのは、ドリルで穴を空けたいからです。でも、私たちはどうしてもモノ（商品）を売ろうとしてしまう。そうじゃないんだよ、という話です。ここでいう「穴」こそが、「機能」です。

みなさんが読んでいるこの本もそうですね。みなさんは本を読むことが目的ではありませんね。この本を読んだ結果、「質問できる自分」を手に入れたいわけです。モノやコトの奥にある目的や便益のことを、ＶＥでは「機能」と言います。ここでいう「機能」とは、先ほどの「中目黒に住みたい」の奥にある「おしゃれな街に住みたい」「通勤40分圏内で、人に自慢できるところに住みたい」といった要求と同じ位置づけです。

ＶＥ７つの質問

ＶＥでは、価値を高めるためにワークショップを実施します。このワークショップは実施の手順が標準化されていて、手順ごとに問いかけるべき質問が定められています（**図3-16**）。

これは「ＶＥの7質問」と呼ばれていて、ワークショップのステップごとに、どのような頭の働かせ方をするのかを、質問の形で定めたものです。この7つの質問のうち、先ほど触れた「機能」についての問いかけが「その働きは何か?」です。モノだと「働き」でいいのですが、コトだとしっくりきませんね。「中目黒に住みたい」に対して「その働

図3-16 **VE実施手順とVE質問**
［頭の働かせ方を質問で切り替える］

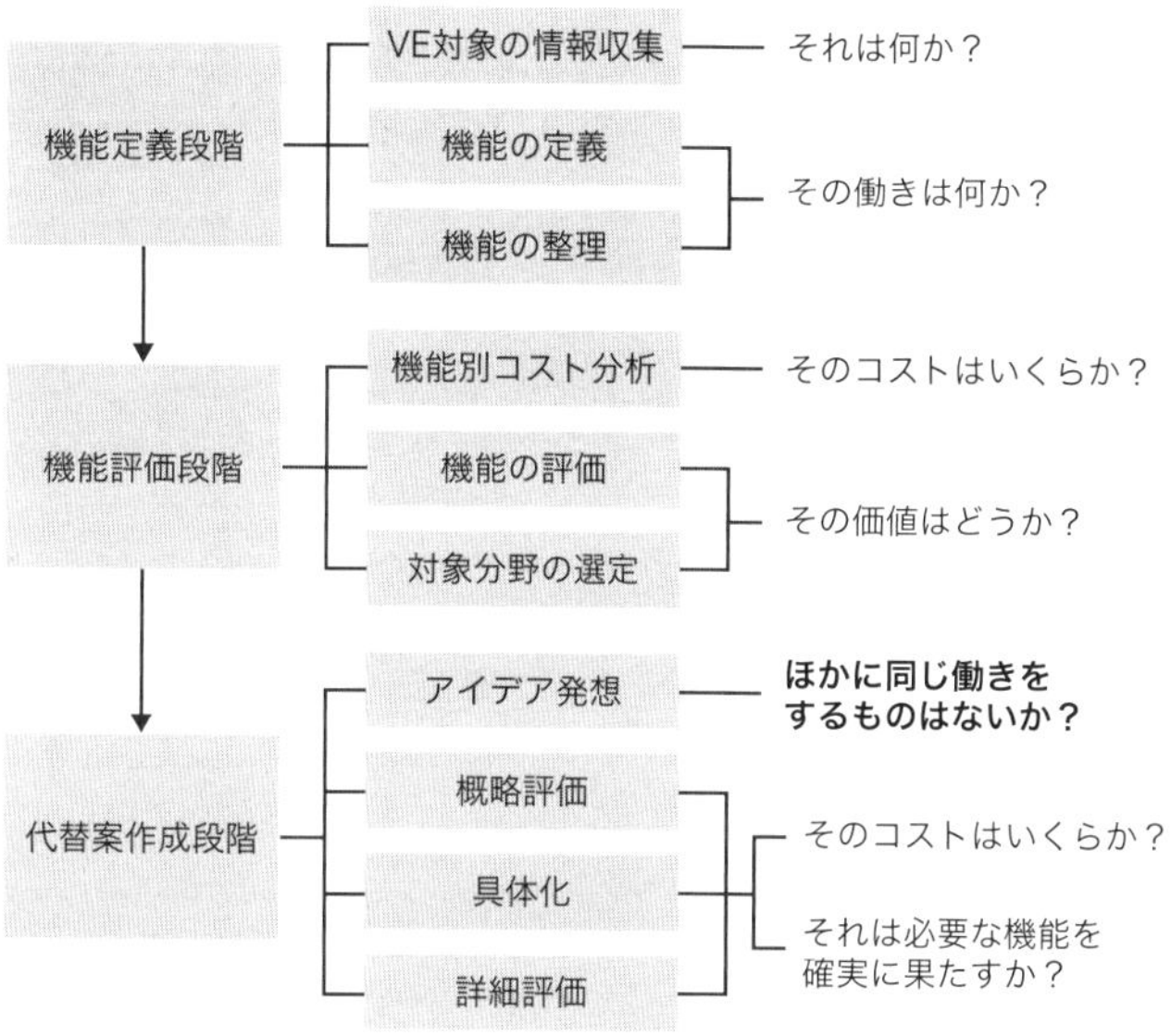

出典『新VEの基本』（土屋裕／産業能率大学出版部）

きは何か?」と聞かれても困ります。対象がコトの場合、「それは何のためか?」と言い換えるといいでしょう。

この問いかけが上位要求、つまり機能を引き出すための質問です。それは何のためか、その働きは何か。ある仕様を見て、それは何のためか、

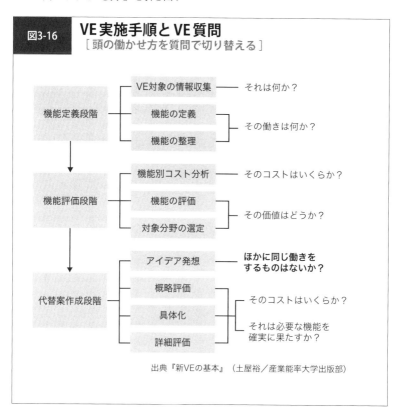

その働きは何かを考えると、要求が出てきます。

みなさんに覚えておいてほしい質問は、「ほかに同じ働きをするものはないか？」です。ＶＥ的思考、機能から考える思考を「ファンクショナル・アプローチ」といいます。この思考は簡単にいうと「機能を満たすのであれば、手段は自由」ということです。

ここにホワイトボードがあるとします。このホワイトボードの機能は何でしょうか。「議論を可視化する」「情報の共有度を上げる」「認識のギャップを減らす」などが考えられますね。要求として表現すれば「議論を見える化したい」「誤解を減らしたい」と言ってもいいでしょう。その要求が満たせるなら、ホワイトボードでなくてもいいですね。「ほかに同じ働きをするものはないか？」と考えれば、手段は紙でもいいし、電子黒板でもいい。模造紙でもいいわけです。

ＶＥは「価値」（つまり、コストに対する機能・便益の大きさ）を高めようとするとき、同じ働きをするもので、別のカタチ、別の仕様でやれないかと考えます。このとき、「それは何のために必要ですか?」「それは何に使いますか?」と問いかけるのです。ただ、この問いかけでは出てこないときもあります。そのときは「それがないと何が困りますか」と聞くのもいいですね。

問いかけても出てこないときの質問

質問しても答えが返ってこないときはどうしたらいいでしょうか。そういうケース、結構ありますね。

例えば、「従業員の時間管理システムを導入したい」という要求があったとします。これは要求であっても、カタチ(仕様)を指定していますね。「何がしたいんですか?」と聞いても、「時間を管理したいんです」としか返ってこない。もう少し突っ込んで聞くと、「従業員が、どの仕事に、どれくらいの時間を使っているのかを、効率よく把握したい」という。これでも、まだカタチ、実現手段の話です。ここでさらに突っ込んで聞きます。「いまはどうされてるんですか?」「時間管理の仕組みがなければ、何が困るんですか?」と聞くわけです。

すると「プロジェクトごとの生産性が知りたい」「プロジェクト外の業務を減らしたい」「プロジェクトの工数見積もりのためのデータベースにしたい」などが出てくる。だとすると、単に時間管理、何にどれくらいの時間をかけたかが知りたいというのとは、実現方法が違ってきます。

質問するスキルを高めるには、「どう質問するか」よりも、「何を質問するか」が大事だと言いました。どう質問するかは、相手や状況によって柔軟に変える必要があります。決まった言い回しで、「こう質問すればいい」というのはありません。質問は、その場、その場で設計しないといけないのです。相手の性質によって反応が違うし、相手の思考の抽象度によっても返ってくる答えが違います。

また、相手が答えを持っていない場合もあります。システムを導入するとき、「そもそも何のためのシステムか」を担当者が理解していないことはよくあります。上司から「君が担当者だ」といわれたからやっている場合、そのプロジェクトは必ずといっていいほどトラブルを起こします。プロジェクトの後半になって、上司から「こんなことがしたかったわけじゃない」「そもそもの目的が達成できていない」と言われてしまう。ベンダーからすれば「言われた通りに作りました」と言いたいところです。しかし、システムを導入するそもそもの目的を理解せずに、目の前の作業をこなすことだけに注力してしまったベンダーにも、大きな責任はあります。

問いかけの方向に自覚的になる

仕事は「どうやるか」という具体論は大切ですが、その前の「そもそも何がしたいのか」という目的を押さえることのほうが重要です。間違ったことを正しくやってしまうことほど、ムダなものはありません。このときに必要なのが、先ほどの要求ツリーで見た左方向（何のため？For What？）の思考です。

極論をぶつけるのも1つの手です。時間管理システムを作りたい。「それは何のためですか？」「それがないと何が困るんですか？」と聞いても出てこない。そんなときは、「どうしても情報システムを作らないといけないですか？」「表計算ソフトではダメですか？」「紙でもやろうと思えばできますよね？」と極論をぶつける。すると「表計算ソフトでやると間違いが多くて、チェックと修正が大変になる」「タイムカードや紙でやると、自分たちが入力しないといけない」といった意見が出てきます。そこで、「手間を減らしたい」「これまで自分たちが負担してきた手間を、それぞれの業務部門に負担してもらいたい」というのが真の要求なんだなとわかるわけです。

「何のためですか?」「それがないと困ることは何ですか?」と聞いたり、極論をぶつけたりするのは、すべて左方向に上っていこうとしているわけです。どんな質問をしても構いません。でも、右方向に行く前に左の方向（何のため?·For What?）に向かって質問をすることが大切です。

本書でみなさんが得てほしいものは、質問の仕方や言い回しよりも、どちらの方向に向かって質問すべきかということです。いま、自分は右に下りているのか、左に上がっているのか、それを自覚できるようになってほしいのです。どう聞くかよりも、何を聞くかのほうが大事ですよと言っているのは、そういう意味です。

3―5．プロジェクトの要求を整理する方法

ここまで、要求を引き出すための考え方、思考の方向について説明してきました。ここで、よくある場面として、プロジェクト要求の整理方法を説明します。なお、ここではツールも紹介しますが、いくらツールの使い方を覚えても、そこに思考回路が伴っていなければ使えません。これから説明することは、先ほどの「左方向、右方向に自覚的になる」ことができていて初めて機能します。

問いかけでプロジェクトの要求を整理する

僕の専門は「実行」です。いかにして、人・組織の実行力を高めるか。これが僕のテーマです。その方法論として、「プロセス設計をベースとしたプロジェクトマネジメント」をクライアントにお伝えしています。

その中で、プロジェクトリーダーを教育したり、実地でプロジェクトレビューをしたりしますが、プロジェクトの要求を押さえられていないリーダーが非常に多い。リーダーが

図3-17 プロジェクトオーナーの役割

リソースの確保・提供	・ヒト、モノ、カネの提供
要求・方向性の明示	・経営、戦略に関わる情報の提供 ・プロジェクトリーダーに対する戦略的方向付けと監督 ・プロジェクトチャーター作成への参加
計画・ベースラインの承認	・プロジェクトのベースライン（計画）の承認 ・ベースラインの変更を含む重要な変更の承認
エスカレーションの受け手	・プロジェクトリーダーが解決できないプロジェクト上のトラブルに関するエスカレーションの受け手
フェーズ終了の承認	・フェーズ終了の承認 ・フェーズ終了レビューへの参加

口をそろえて言うのは「プロジェクトオーナーに対して何をどこまで聞いたらいいかわからない」です。どこまで聞いたら、どこまでの情報を手に入れたら、プロジェクトを開始していいのか、それがわからないというのです。

プロジェクトの要求は、プロジェクトオーナーといわれる人から出されます。明示的にオーナーという人がいなくても、プロジェクトリーダーを任命し、プロジェクトの立ち上げを指示する人がプロジェクトオーナーです。

プロジェクトオーナーは要求を明示する義務がある

プロジェクトオーナーの役割は、大きく5つあります（**図3-17**）。その中の1つに「要求・方向性の明示」があります。オーナーは、プロジェクトリーダーに対して「経営、戦略に関わる情報の提供」「プロジェクトリーダーに対する戦略的方向付けと監督」をしなければなりません。でも、ほとんどの企業では、オーナーがオーナーとしての教育を受けていません。ですから、「とにかくやっといて」と丸投げするか、「ああしろ、こうしろ」と細かい作業レベルにまで指示を出してしまうことが多いのです。これはみなさんも経験されているのではないでしょうか。だから、プロジェクトリーダーとしては「どこまでオーナーに聞けばいいかわからない」となるわけです。

その問いに対する1つの答えが、「オーナー要求整理シート」（**図3-18**）です。このシートは、本来はオーナーがリーダーに要求を伝えるときに、頭の整理がしやすいようにと設計したものです。でも、要求の整理はオーナーが1人でやらないといけないものではありません。むしろ、リーダーとコミュニケーションを取りながら整理するほうが、よほど効率がいいし、共通認識を得やすいものです。

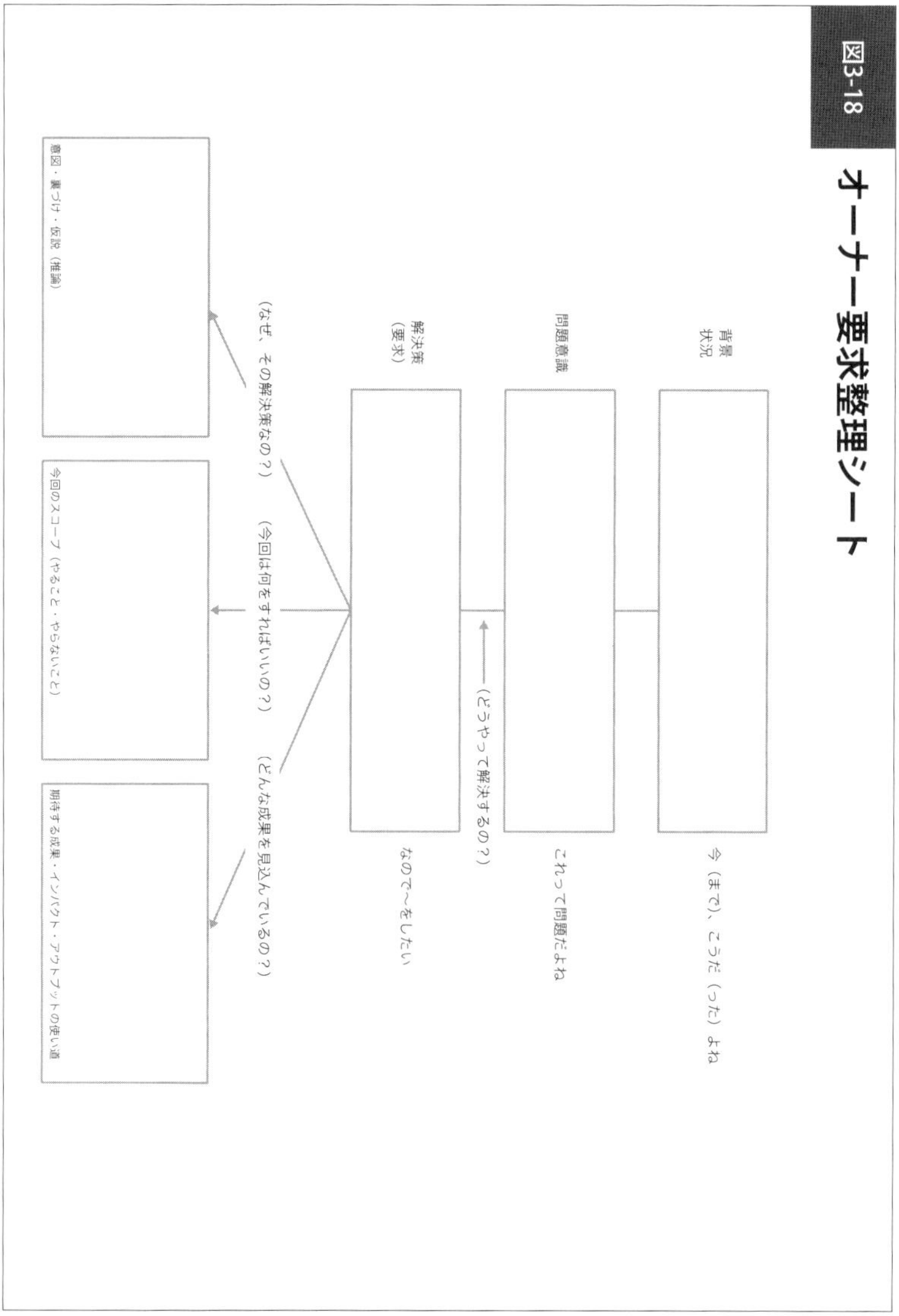

図3-18 オーナー要求整理シート

リーダーがオーナーに問いかけて要求を整理する

プロジェクトを立ち上げるとき、要求整理シートを利用し、「問いかけ」をしながら、プロジェクト要求について共通認識を持つようにします。例えば、新しい商品開発プロジェクトをみなさんがオーナーから任されたとします。オーナーは「既存市場向けの新しいソフトウエア商品を開発したい」と言っています（**図3-19**）。これが要求ですね。先ほども触れたように、この要求には「仕様」が混在することが多い。新商品を開発するというのは、なんらかの要求の実現手段です。プロジェクト要求に対するさらに上位の要求を知るには、プロジェクトのバックグラウンドを知る必要があります。

プロジェクトの背景は、「状況」と「問題意識」で表すことができます。ここでは、どんな状況からその要求が生まれたのか、と考えます。ここでいう状況とは「事実」です。ファクトベースで、「いま、何が起きているのか？」「これまで、どうだったのか？」を聞く。ここでは、セキュリティソフトウエア「WAN WAN SECURITY」というヒット商品を柱に規模を拡大してきたけれども、ここ5年間の売上成長率は鈍化している、頭打ちの状態だとします。この事実を聞いたとき、社内であれば「確かにそうですね」とな

図3-19 オーナー要求整理シート

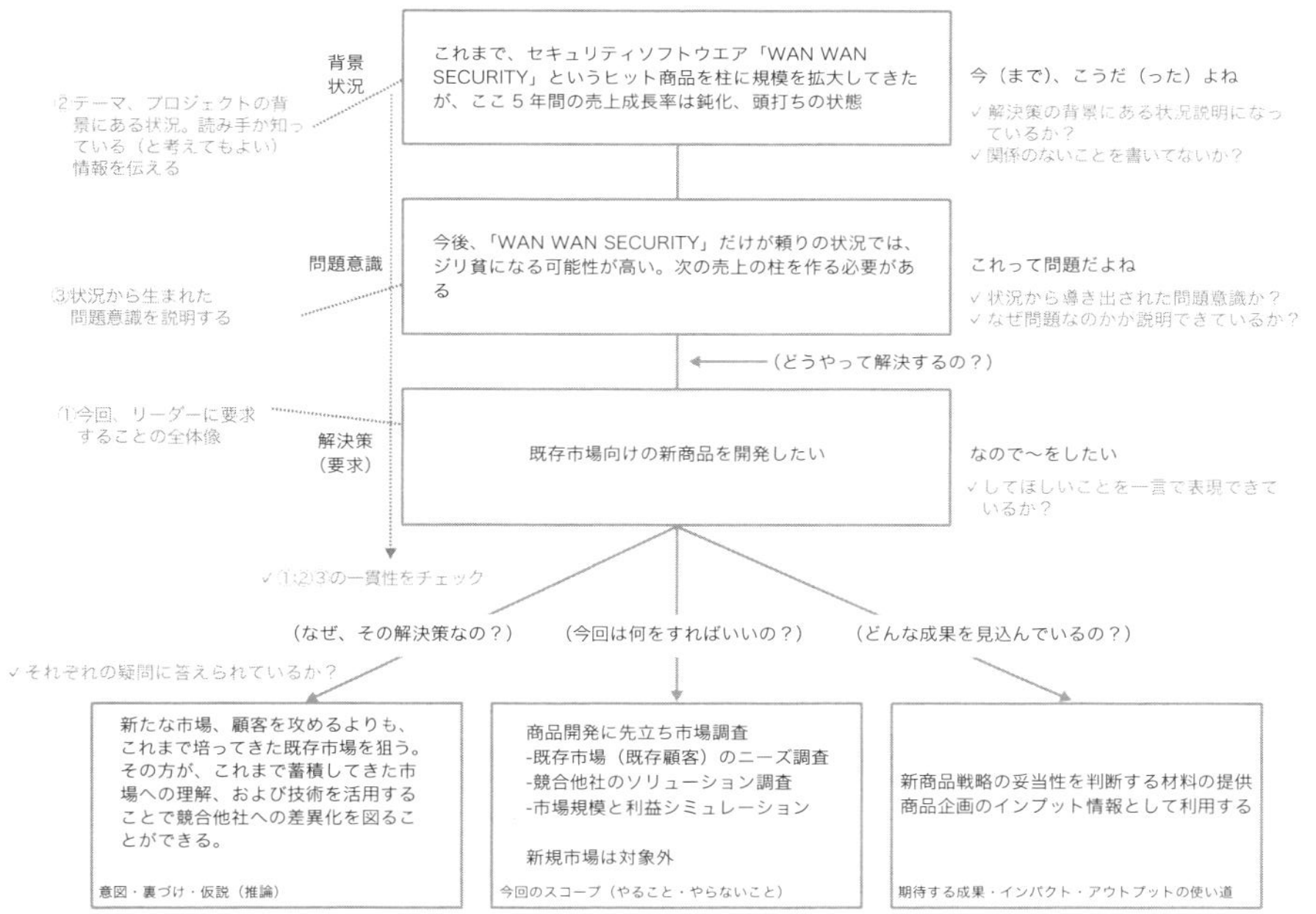

るでしょうし、リーダーが社外の人間であれば「なるほど、そうなんですね」となる。これが背景です。背景にある事実を共有することで、コミュニケーションの基盤を作るわけです。

状況に対する問題意識を問う

背景・状況は「事実」ですから、ここからいきなり「要求」にいくことはありません。状況に対して何か問題意識があるはずです。「このままじゃいけない」とか「もっと上にいけるはず」とか、そこにあるべき姿とのギャップを見いだすからこそ、「新商品を開発したい」という要求が出てくるのです。なので、背景・状況を聞いたら「その状況をどう捉えているのか?」「何が問題なのか?」を聞きます。オーナーの問題意識を尋ねるわけです。

先ほどの新商品開発プロジェクトでオーナーに聞いたところ、「このままだとじり貧だよね」という答えが返ってきました。「次の売上の柱を立てないといけない」。だから、「既存市場向けの新商品を開発したい」というわけですね。これで、新商品開発の背景に「次の売上の柱を立てたい」があることがわかります。さらに言えば、「今後の成長を企業として担保したい」です。このままいくとじり貧になるのをここで食い止めて、成長方向・拡大方向に向かいたいという意志があるわけです。

目的が異なればプロジェクトの質は変わる

するとここでリーダーには疑問が浮かぶはずです。「なぜ既存市場向けなんですか？」「新市場じゃダメなんですか？」。そこで、要求の意図・裏付け、もしくは仮説が知りたくなります。すると、オーナーはこう答えます。「新しい市場に新しい商品を出すのはリスクが高い。一方で、既存市場に対して新しい商品を持ち込めば、これまでの資産を活用できる。ウチは市場を理解しているし、顧客のことも理解している。顧客の持っている課題を認識しているから、そこにソリューションを提供することによって、次の柱として育てていきやすいだろう」と答えてくれれば納得がいきます。

背景や問題意識、さらに要求の意図や裏付けまで聞くと、「なぜ、このプロジェクトが必要なのか」が腹に落ちますね。

スコープと期待する成果を引き出す

次は、「では今回、私たちは何をすればいいんですか?」と聞きたくなりますね。ここで、思考の方向が切り替わります。これまでは要求ツリーでいうところの「左方向(何のため? For What?)」の思考でした。今度は「何をすればいいの?」ですから、話は具体化の方向に進んでいます。つまり、右方向(どうやって? How?)です。

ここで「まずは市場調査をしてくれ」ということになる。それが今回の「スコープ」。今回のプロジェクトの「ミッション」です。プロジェクトのミッションとは、言い換えれば「What?」に答えるものです。

たいていの場合、ここから「では、どうやるか」というHowの話に入ってしまいます。でもそうではなくて、もうひとつ聞いてほしいのです。それが「期待する成果・インパクト」です。ここでは「アウトプット(成果物)」と、それがもたらす「アウトカム(成果)」を聞いています。

市場調査をするということは、その結果を何かに使うわけです。何に使うのか、どんなものをアウトプットすれば期待に応えられるのかを聞くのです。このケースでは、市場調査の結果を基に、商品開発のGo／NoGoを判断したい、本当に投資していいのか、利益を見込めるのかを判断したい、となるでしょう。その市場に入って競合に勝てるのかも判断する必要がありますね。

もう1つは、競合を調査することで、他社がどのような特徴を持っているのか、強みを持っているのかを調べ、自社の商品開発をどういう方向に進めるべきかを提案してほしい、となるでしょう。商品企画をするときは、コンセプトを定めて、他社にはない特徴を出さないといけませんから、そのインプットとなる材料もほしいわけです。

今回のスコープで期待されているのは、「投資のGo／NoGoの判断材料」と、「商品企画の方向性の提案」の2つです。ここまでわかれば、プロジェクトの要求はざっくりつかめたといえます。

このあとは、具体的な話ですね。「いくらでやるの?」「必要なアウトプット(成果物)は何?」「いつまでにやるの?」「どんな作業が必要なの?」などを聞いていけばいい。

オーナー要求を文書化する

このように整理したオーナー要求を文書化すると「作業範囲記述書」になります。「Statement of Work(SOW)」と言われたりしますね。Googleで「Statement of work」と検索すると、いろんなフォームが出てきます。僕のクライアント先では「オーナー要求書」と呼ばれています。

オーナー要求書を作ることで、リーダーはすごく助かるんですね。「これまでは何のために、何をしたらいいのかわからなかったけど、文書化されることで、迷ったら立ち戻れるものができた」と言った声を聞きます。

オーナー自身も、部下やプロジェクトリーダーに伝えたつもりだけど伝わっていない、どう伝えれば要求が伝わるのか、と思っていた人も多い。そうしたケースでも、オーナー要求書整理シートを使って思考を整理し、さらにオーナー要求書に文章として表現することで、「組織として、事業責任者として、何を求めているのか?」が明確になります。

オーナー要求書の詳細については、次に発行する予定の本『誰も教えてくれない計画するスキル』で詳しく解説する予定です。

意識の壁

先ほど、要求の理解が難しい理由として「意識の壁」を挙げました。ここで改めて説明します。

組織にプロジェクトマネジメントを導入するには順番があって、最初(1年目)は「プロジェクトチャーター」(**図3-20**)から入ります。これはプロジェクトの「ミッション・目的・目標」を文書化するものです。一般的には「プロジェクト憲章」と呼ばれます。「憲章」というとどうも大仰な感じがするので、僕は「チャーター」とカタカナ語で呼んでいます。

図3-20 プロジェクトチャーター

プロジェクトチャーター

プロジェクト名：新商品開発 市場調査　　更新日：2016年9月5日

プロジェクトの使命：既存市場のニーズ調査と事業性の把握

ビジネスの目的：
次の売上の柱を構築するための新商品の開発に先立って、市場にどのようなニーズ・困りごとがあるのかを調査するとともに、その市場規模を把握することによって、新商品開発の意思決定材料と、商品企画のインプット情報を提供する

プロジェクトの目標：
- 完了時期　2016年11月30日
- 予算（時間）　1500万円
- 品質　市場参入の是非を意思決定できる情報がそろっている
- 評価指標（KPI）

チームメンバー：

プロジェクトリーダー：　鈴木一郎

プロジェクトオーナー：　山田太郎

必要なマイルストーン	時期	時間
顧客ヒアリング、競合分析完了	2016年11月4日（金）	100h
市場分析、利益シミュレーション完了	2016年11月18日（金）	20h
経営層プレゼンテーション	2016年11月25日（金）	10h

なぜ、オーナー要求書ではなく「プロジェクトチャーター」から入るかというと、オーナー要求書をオーナーに書いてもらうには、少し時間がかかるからです。その間にも時間は過ぎていきます。既に多くのプロジェクトが走っているわけですから、目の前のプロジェクトをとにかく成功させないといけません。だから、シンプルに「ミッション・目的・目標」だけを確認します。目の前のプロジェクトを成功させるために、まずチャーターから入ってもらう。チャーターを作ることで、プロジェクトの方向性がブレないようにするわけです。

チャーターにある「使命」とは「そのプロジェクトは『何を』やるのか?」。目的とは「そのプロジェクトは『何のために』やるのか?」。目標とは「そのプロジェクトは『どうなれば』成功といえるのか?」です。使命、目的、目標。この3つがわからない状態で、プロジェクトが成功するはずがありません。

でも、プロジェクトマネジメント導入時には、ほとんどのプロジェクトリーダーは明確に書けません。これはどこの企業でも同じです。ここで「自分はプロジェクト要求を理解している」というリーダーの思い込み、意識の壁を崩す必要があるわけです。これが1年目です。

オーナーの意識の壁を崩す

プロジェクト文書を作ったり、プロジェクトレビューをしたりして、プロジェクトリーダーが育ってくると、2年目あたりから、今度は、曖昧で二転三転するオーナー要求にフォーカスしていきます。

オーナーはリーダーに対して「なんで、要求をちゃんと理解していないんだ！」と思っています。言い換えれば、「自分はちゃんと要求を伝えている」と思い込んでいます。でも、実際には驚くほど伝わっていません。

リーダーは「わかりません」とはなかなか言えないものです。「どういうことですか？」と何度も尋ねるのは、はばかられる。「わかりました。ちょっと考えてみます」といいながら、机に戻って「何がしたいんだろう？」「どうすればいいんだろう？」と悩むわけです。

でも、オーナーはリーダーが悩んでいることに気づかない。伝わったと思い込んでいる。ここにも意識の壁があります。

そこで2年目は、オーナーに、「オーナー要求書」を書いてもらいます。オーナー要求整理シートを使って、事業戦略とプロジェクトのつながりを考えながら、「このプロジェクトで何をしてほしいのか」「どんな成果を期待しているのか」を文書化してもらうのです。

これは結構大変な作業です。そもそも役所でもなければ文書作成に慣れているオーナーはあまりいません。上位幹部になればなるほど、文書化は部下がやってくれますから、自分ではあまり文章を書くことがありません。さらに、日本の企業では「これやっといて」で済ませることが多いので、文書で意思を伝える訓練を経験してきていないことが多い。でも、いまは仕事の内容が複雑化していて、昔のように「これやっといて」では、任せられるほうは困ります。だから、論理的に、系統立てて、意思を伝えられるように「オーナー要求書」を作ってもらうわけです。

リーダーの意識の壁を崩す

ただ、オーナーに要求書を作ってもらうのは、伝え方のトレーニングの意味合いが強いので、ずっとやるわけにはいきません。幹部は戦略を考えて、実行させることが仕事ですから、トレーニングばっかりやっててもしょうがないのです。

また、オーナーが要求書を書いてくれるようになると、今度はリーダーが「オーナー要求書がないと始められない」と考えるようになります。甘えが出るんですね。これも意識の壁の1つです。

先ほど、プロジェクトオーナーの役割を見ましたが、当然、プロジェクトリーダーの役割もあります。**図3-21**を見ていただくとわかるように、プロジェクトリーダーには「要求・方向性の咀嚼」という役割があります。ここでいう咀嚼には、要求を引き出すことも含まれていると考えるべきです。

そこで、今度はプロジェクトリーダーがオーナーから要求を引き出し、オーナー要求書

図3-21 プロジェクトマネジャーの役割

要求・方向性の咀嚼	・オーナー要求の理解 ・プロジェクトと戦略目標との整合性の維持
行動計画	・プロジェクト作業を実行する取り組み方の特定 ・段階的詳細化の主導 ・プロジェクト計画書作成の主導
状況のレポート	・定期的な状況の報告 ・トラブル発生時のエスカレーションの実施
実行のモニタリングとコントロール	・ベースラインに沿った実行、パフォーマンスの維持 ・進捗状況のモニタリング ・ギャップ発生時の是正措置の実施
コミュニケーション	・チームメンバーの状況把握 ・チームメンバー、ステークホルダーとのコミュニケーション

を作れるようにするわけです。

つまり、ヒアリングです。プロジェクトオーナーといわれる人は、事業部長や役員であることが多い。企業の幹部です。幹部の人たちはとにかく忙しい。最初は伝え方の練習としてオーナー要求書を書いてもらう。けれどそれは論理的に、系統立てて、要求を伝えるための思考を訓練するためであって、それをプロジェクトリーダーが引き出して、整理して、文書化して、「これで認識はあってますか？」とやり取りできれば問題ないわけです。

この本を読んでいるみなさんは、プロジェクトリーダーを担う人が多いのではないでしょうか。だとすれば、オーナー要求整理シートを使って、オーナーに問いかけて、プロジェクトの要求を引き出し、整理し、実行につなげてほしいと思います。

このように、1年目はプロジェクトリーダーに実行の方法論を身につけてもらう。2年目は、オーナーに要求を明確化する訓練をしてもらって、3年目にはリーダーが主体的にオーナー要求を引き出し、咀嚼できるようにする。こうやって、方法論を身につけ、「意識の壁」を崩しながら、組織の実行力を段階的に向上していくわけです。

3―6．要求を引き出すときの心構え

予断を持たずに聞く

要求を引き出すときの心構えを説明します（図3-22）。

まず、これは要求に限らないのですが、どんなときでも相手に問いかけるとき、何か情報を得ようとするとき、予断を持たないようにします。前もって「相手の考えていることはこういうことだろう」と先入観を持たないようにする。「プロモーションイベントを実現したいのは、リーチを広げるために決まっている」とかですね。そうとは限りません。

人は思い込んでしまうと、それ以外の情報を受け付けなくなってしまいます。仮説を持つのは構いません。しかし、あくまでも仮説であって、それは答えではない。間違っているかもしれない。予断を持たず、まず虚心坦懐に聞くことが大切です。

あとは、「黙っていたら、情報は得られない」と肝に銘ずることです。「ちゃんと要求を

図3-22 **要求を「引き出す」心構え**

- 予断を持たない
- 黙っていても情報は得られない
- 情報を渡す「義務」は相手にはないと考える
- 相手を生身の人間として尊重する
- 言葉そのものではなく、
奥にある「意図」「感情」を理解する

言ってもらわないと、こっちはやりようがないですよ」とか、「上司からちゃんと要求が下りてこないと、こっちは動きようがない」とか、言っていませんか。

そんなことは「仕事がある」のが当たり前になっているから言えることです。すべての仕事には要求があるといいました。これは逆に言えば、要求がなければ仕事もなくなるということです。

要求を引き出せなければ、仕事はなくなります。クライアントから要求を引き出せなければ、提案はできないし、提案しても案件を勝ち取れません。これは、上司・部下の関係でも同じです。

発注者の要求を理解するのはプロジェクトリーダーの義務です。要求を引き出すのはプロジェクトリーダーの仕事です。でなかったら、社外だったら案件が取れません。社内だから甘えが出るのです。上司だから要求を言うのが義務だということはありません。要求を引き出す義務は自分にあると、まず考える。もちろん、オーナーの立場の人は「オーナーは要求を明確に伝える義務がある」と考えてほしいですね。それぞれが自分の義務だと思わないと仕事は進みません。

「抽象と具体」と「全体と部分」の違いに注意する

もう1つ、ロジックの違いに注意してほしいです。ロジックとは、ひと言でいうと「関係」です。ロジックにはいろいろあります。「原因と結果」のロジック、「入力と出力」のロジックなどです（仕事で使うロジックの種類は、本書の同シリーズ『誰も教えてくれない考えるスキル』（日経ＢＰ社発行）で詳しく説明しています）。

図3-23 ロジックの違い
［抽象と具体］

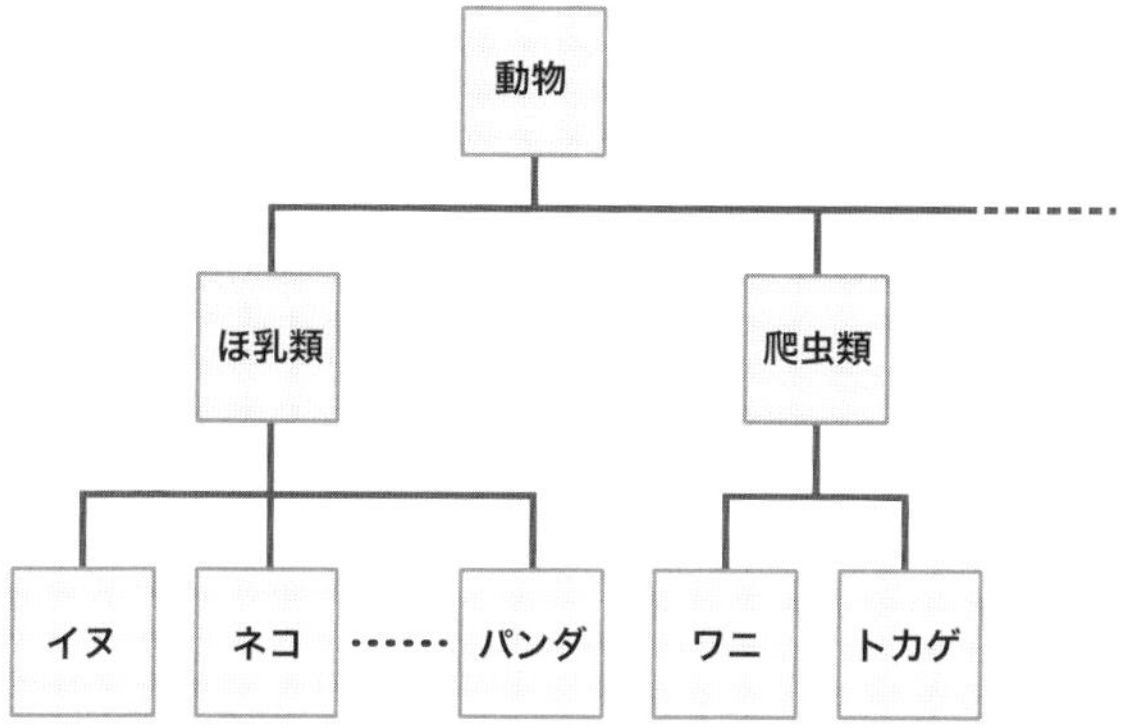

このロジックの種類に「全体と部分」と「抽象と具体」があります。**図3-23**は抽象と具体のロジックを表したものです。イヌ・ネコ・パンダなどは「ほ乳類」として抽象化できます。ほ乳類・爬虫類などは、「動物」として抽象化できます。

抽象と具体は、言い換えれば『つまり』と『例えば』です。イヌ・ネコ・パンダ、つまり、ほ乳類ですね。ほ乳類、例えば、イヌ・ネコ・パンダです。これは「is-a の関係」といわれます。「イヌ is a ほ乳類」の関係が成り立ちます。

一方で「全体と部分」のロジックの代表

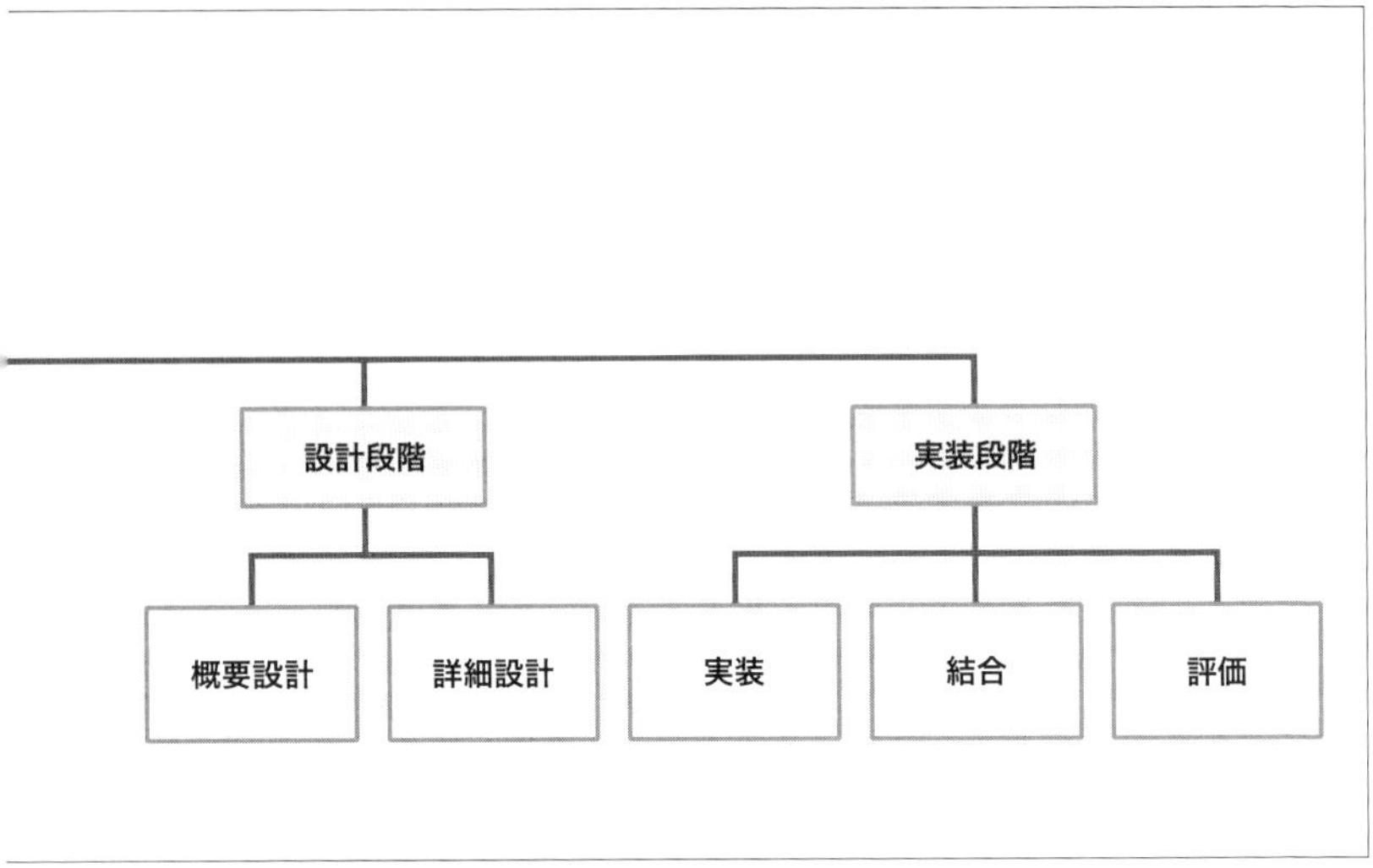

的なものに「WBS（ワーク・ブレークダウン・ストラクチャー）」があります（**図3-24**）。WBSには「100％ルール」といわれるものがあります。「子要素の総和＝親要素」の関係が成立していないといけない。MECE（モレなく、ダブりなく）でなければならないってことですね。システム開発は計画・要件・設計・実装でできていて、計画・要件・設計・実装を足したらシステム開発のプロジェクトになるってことです。つまり、「システム開発プロジェクト」は全体であり、その下にある「計画段階」「要件段階」「設計段階」「実装段階」は部分なわけです。

図3-24 **ロジックの違い**
［全体と部分］

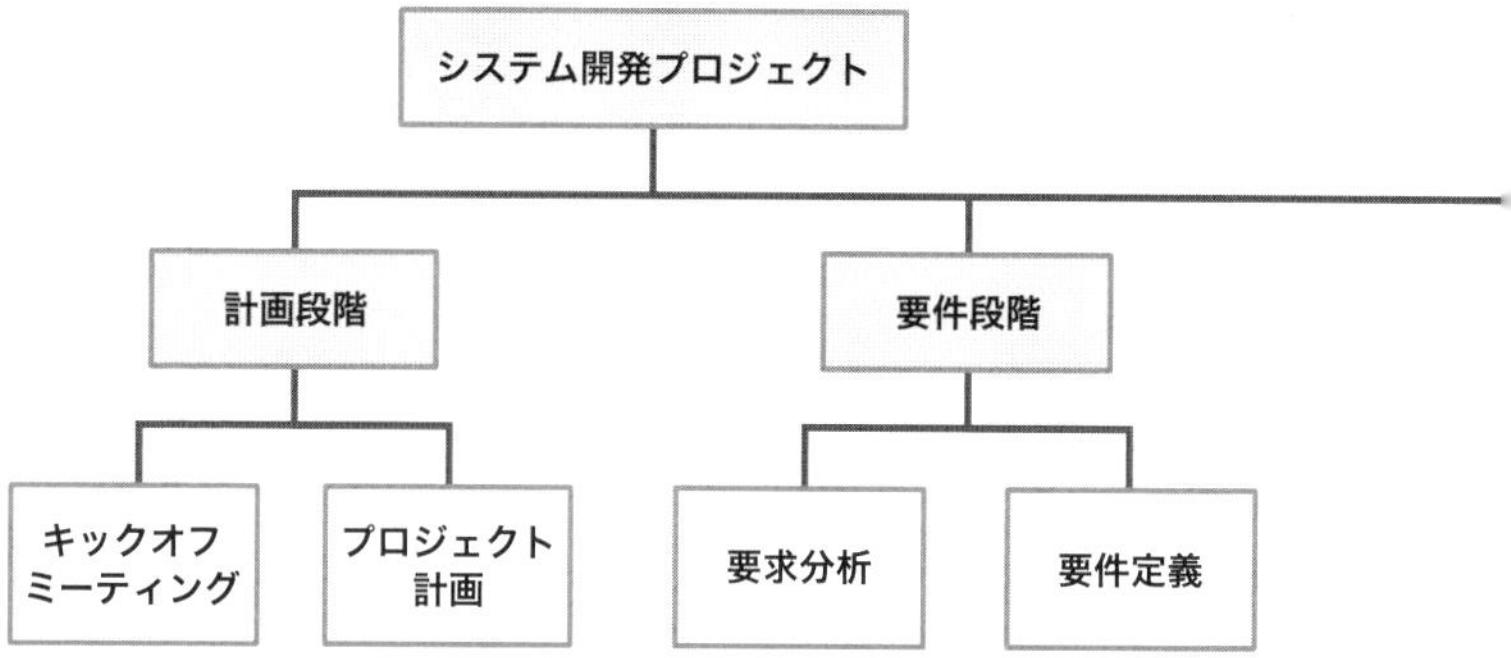

「抽象と具体」と「全体と部分」は、似ているようで、まったく違うロジックです。「イヌ＝ほ乳類」は成り立ちますが、「計画＝システム開発」「要求分析＝要件段階」は成立しません。「イヌ is a ほ乳類」ですが、「要求分析 is a 要件段階」ではなく「要求分析 is a part of 要求段階」だからです。

要求を出すオーナーと、それを受けるリーダーで認識のそごが出る一番の理由は、このロジックの違いです。オーナーは「抽象と具体」のロジックで話をしているのに、リーダーは「全体と部分」だと思って聞いている。お互いにそれに気づいていないケースです。

「プロモーションイベントもいいね」とオーナーが言っているのは、「例えば」で言っているわけです。つまり、仕様（カタチの世界）の姿をした要求です。それは「認知度を高めたい」という要求を伝えるための「例えば」にすぎません。「認知度を高めたい」という抽象的な要求を、「プロモーションイベント」という具体的な仕様で表現しただけ。つまり、「抽象と具体」のロジックです。

でも、聞いているほうはそれを「全体と部分」のロジックで聞いている。オーナーはあくまでも「抽象と具体」のロジックで話しているのに、「プロモーションイベントをやらないといけない」と、タスク全体の一部だと捉えてしまう。「例えば」で言っているのに「全体と部分」のロジックで捉えると、そこで意思の疎通ができなくなります。

プロジェクトリーダーはオーナーから要求を聞くとき、「いま、どっちのロジックで相手が話をしているのか？」を常に自問しないといけません。わからなければ「それは『例えば』ですか？」と聞く。するとオーナーも「そうそう、例えば。別にこの手段にこだわることはない」などと答えてくれるようになります。

「それは何のために必要なんですか?」

ここまで、「どう聞くか」よりも「何を聞くか」のほうが大切である、という話をしてきました。右方向(How?)よりも、左方向(Why? For What?)を先に聞きましょうと繰り返し説明しました。

中目黒に住みたいといわれて、いきなり、「間取りはどんなのがいいですか?」「徒歩何分以内ですか?」と聞くのではなく、そもそも「中目黒に住みたいと思ったのはなぜですか?」を聞きましょうということです。これをVE的思考と呼びました。

どのように質問すればいいのかを求めがちですが、「こう聞けばよい」と言える質問はありません。状況やコンテクストによって変わるからです。相手の前提知識、問題意識、もしくは相手と自分の関係によって、どのような質問をすればいいのかが変わります。

しかし、問いかける思考の方向は、質問のフレーズに関わらず同じです。左方向を向いて質問しているのか、それとも右方向を向いてるのかを常に意識しながら、いま自分の思考が向かっている方向を自覚している必要があります。

さらに、相手との対話や自分が質問していること、相手が話していることが、「要求」「仕様」「指示・作業」のどの抽象度で話をしているのかをつかむことが大切です。このとき、字面や表現に惑わされると罠にはまります。

「中目黒に住みたい」というのは「仕様」レベルの話であることが多いと思いますが、実は「仕様」の姿を借りた「要求」かもしれません。「プロモーションイベントがしたい」と言われたら、それが既に決まっている「仕様」なのか、それとも1つの「例えば」であり「要求」なのかをつかむ。そのためには、問いかけて探っていく必要があります。

このときの問いかけの例が「それは何のために必要なんですか?」「それは何に使いますか?」「それがないと困ることはなんですか?」などです。

すぐに取りかからず、要求を押さえる

例えば、上司である営業部長から、「明日、営業会議があるから、報告書を作っといてくれ」と言われたとします。今月の売上と今期の見込みがあればいいと言われました。

ここで多くの人は、「わかりました」とすぐに報告書の作成に取りかかるでしょう。言われた通り、今月の売上と今期の見込みだけを盛り込んだ報告書を作って、次の日の朝、上司のところに持っていく。すると、上司が「これだけじゃ情報が足りないよ。経営層の質問に答えられないじゃないか」というわけです。ここで初めて報告書の目的が経営層への報告だったことに気がつきます。

だとすると、経営層の疑問に答えられる資料になっていないとダメですね。経営層に報告するための資料だとすれば、去年と今年はどんな違いがあるのか。売上が落ちているなら、それは販売数量が減っているのか、それとも単価が落ちているのか、それとも購入点数が減っているのか、などを説明できないといけない。

利用シーンを想像すれば、要求がわかります。「前年との比較を説明できるようにしたい」「前年と差があるなら、その理由も説明できるようにしたい」「今期の見込みについて根拠を示したい」「今後の対策も聞かれるかもしれないならば、どのような対策を採っているのかを説明しないといけない」などが想像できます。単純に、今月の売上と今期の見込みだけあればいいよと上司は言うかもしれません。けれど、その奥にある利用シーンを押さえることで、本当に作るべき資料が初めて見えてきます。

気が利く人は、要求を先回りする

よく言われる「気が利く人、利かない人」の違いは、その先に何が起こるかを先回りできるかどうかです。気が利く人というのは、その先に何が起こるのかをイメージし、あらかじめ用意しておくことができる人をいいます。指示されたアウトプットを言われた通りにそのまま作るのではなく、利用シーンをイメージし、要求を明らかにしていくわけです。

つまり、左方向の思考ですね。

みなさんが経理部門にいるとして、経営者から「PL（損益計算書）やBS（貸借対照表）を出してください」と言われ、会計ソフトから出力して「はい、どうぞ」ではダメです。そのＰＬやＢＳを何に使うのか、目的を知らないといけません。経営者に「最近、販管費が上昇傾向にある」という問題意識があったとしたら、ここ数年の販管費の上昇傾向や、月次での販管費の推移を知りたくなるでしょう。

さらに「販管費が上がっている理由が知りたい」なら、勘定科目ごとに増加の理由を出さないといけませんし、事業部ごとに集計したものが必要かもしれませんね。もしくは「自社のコスト構造を知りたい」と思っているなら、変動費と固定費に分けて、限界利益率や損益分岐点を出した方がいいかもしれません。

ＰＬが見たい、ＢＳが見たい、という「仕様」の奥にある、「販管費が上がっている理由が知りたい」「自社のコスト構造を知りたい」という「要求」をつかむことができれば、その要求を満たす手段を考えればいいだけです。要求をつかまないから、細かい仕様を聞かないといけなくなる。要求を押さえてしまえば、話は早いんです。

"上司を使う"ために問いかける

ここでセミナーの受講者から質問がありました。

――上司が要求を理解していないときはどうしたらいいでしょうか?

上司が要求を理解していないというのは、切実ですね。でも、よくあることです。むしろ、上司が要求を理解している、戦略を理解しているほうがまれだと思っておいたほうがいい。上司も同じ人間です。できる人もいれば、そうではない人もいます。

要求を理解していない上司、例えば「上がやれと言ったんだ」としか言えないような上司から、どうやって要求を引き出せばいいのか。そもそも要求を持っていないわけですからね。

そんなときは、「要求ツリー」「オーナー要求整理シート」を使って一緒に考えるといいですね。「このプロジェクトって、そもそもどんなきっかけで始まったのでしょうか?」「経営層は現状に対して、どんな問題意識を持ってるのでしょうか?」と、上司に問いかけます。すると、「あー、そういや社長はこんなこと言ってたなぁ」と思い出すかもしれませんし、「そこは把握してなかったなぁ、このあと打ち合わせがあるから聞いておこう」となるかもしれません。

認識すべきことは「うちの上司は、戦略も背景を理解していないし、要求が曖昧でどうしたらいいかわからない」と嘆くだけでは、現実は前に進まないということです。プロフェッショナルとして求められるのは「この状況でできることは何か?」を考えることです。「足りない、足りない」とウダウダ言っていても始まりません。上司は使われるものではなく、使うものです。上司に問いかけて、上司の思考を促し、整理していくことが、これからのリーダーには求められます。

3—7. 左方向に考える練習

では、要求を左方向に考える練習をしましょう。図3-25のワークシートを見てください。空白の要求ツリーがあります。

みなさんは「質問がうまくなりたい」と思ってこの本を読んでいると思います。わざわざ本を買って読んでいるのに、「特にうまくなりたくない」と思う人はいないですよね。ですので、ワークシートの左から3番目の枠に「質問がうまくなりたい」と記入しています。これが直接の要求ですね。

本書はその要求に応えるためにあるわけです。言い換えれば、要求を仕様にして、その仕様を実現するためにあります。例えば、「質問するスキルの4つの要素を知る」「左方向の思考を身につける」などですね。これは「どうやって?」というHowの話です。これは右向きの思考です。

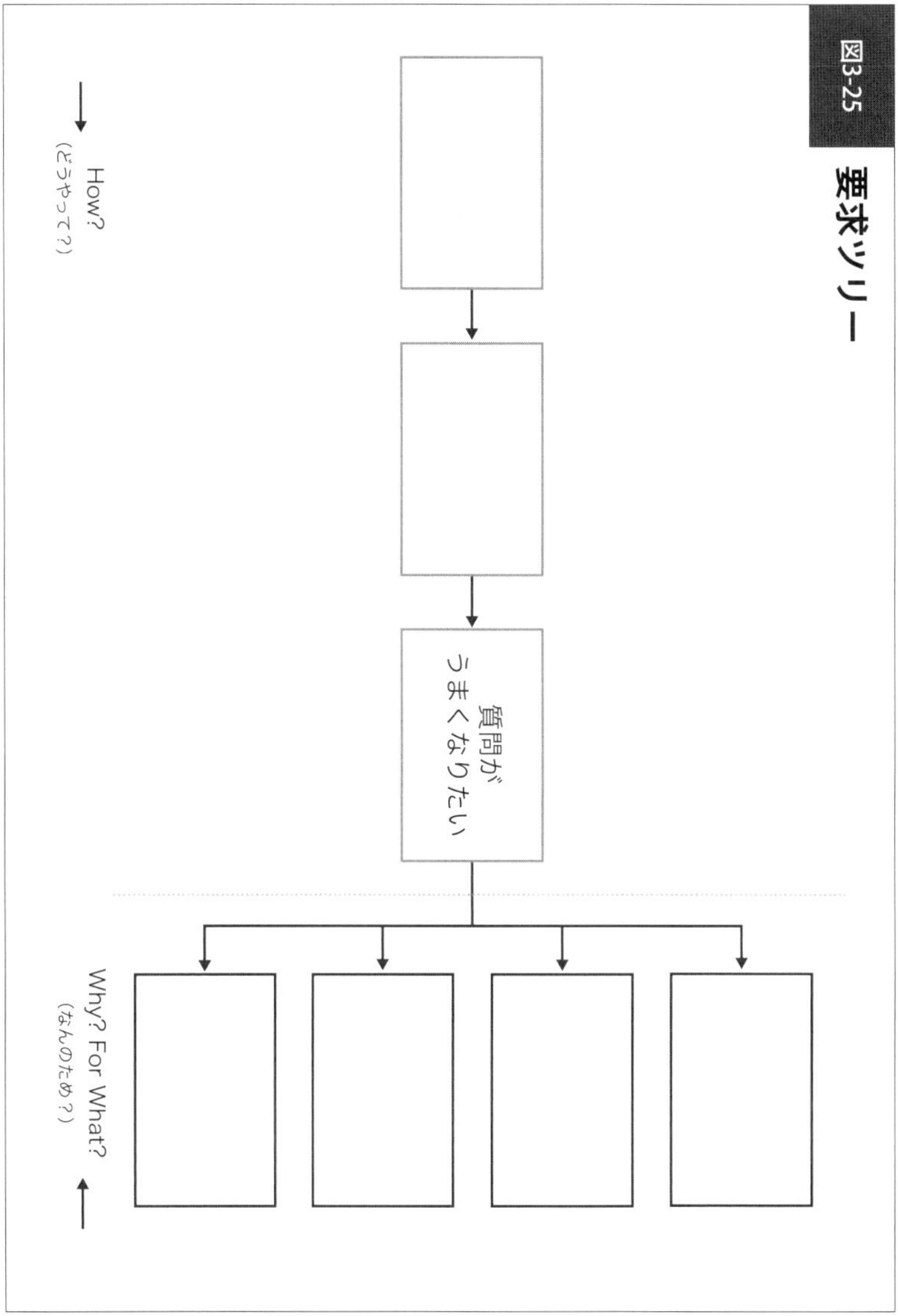
How?
（どうやって？）
質問が
うまくなりたい
Why? For What?
（なんのため？）

図3-25 要求ツリー

ここで練習してほしいのは左向きの思考ですから、「そもそもなぜ質問がうまくなりたいと思ったのか?」を問いかけてほしいのです。相手の真の要求を引き出す練習です。

セミナーのグループワークを再現

ここからは、本書のベースになったセミナーの演習を再現してみます。

セミナーでは4~5人のグループを作っていますので、質問する人と質問される人を決めて順番にやります。質問する人は、相手が「なぜ、このセミナーを受けに来たのか?」「なぜ、質問するスキルを高めたいと思ったのか?」を引き出していく。グループの残りの人は、2人のやり取りを観察してどんな印象を持ったのかをフィードバックしてください。「もっとこんな質問だったら答えやすいかも」みたいに、自分のことは棚に上げて構いません。自分のことは見えないものですが、人のことはよくわかるものです。

実際にグループワークをしてみると、こんな意見が出ました。

――質問者が多くしゃべってしまっていて、回答する人があんまりしゃべらないです。

質問するときのポイントですが、ひたすら「それは何のためですか?」と聞き続けると、質問でなくて詰問になってしまいます。相手が答えてくれたら、その内容を受け止めることが大事です。「なるほど、そうなんですね」と、ちゃんと聞きましたよと相手にメッセージを送ってあげてください。

思考の方向に注意してください。ここで意識するのは、うまく質問することよりも、思考の方向が右・左のどちらに向かっているかです。「相手の思考方向を左に向かわせてあげること」がポイントです。自分の頭を整理するために聞いているのではなくて、相手の頭を整理するために聞いているのです。自分の頭の整理を始めると、しゃべる量が多くなります。

距離感を測りながら質問をしていくことが大事

また、こんな意見もありました。

――実際に質問をしていて、真の要求がどの位置にあって、いま、自分がどの位置の話なのかがなかなかつかめない。距離感がつかめないというか。先ほどの『中目黒に住みたい』の例ではわかったつもりでいたのですが、会話をしているときに頭の中でそれを組み立てられないので、どこが真の要求なのか、なかなか質問が難しかったです。

そうですね。いまどの抽象度の話をしているのかというのは、明確にいまは要求3段目です、1段目です、とわかるものではありません。でも、感覚的な距離感はわかるはずです。例えば、「何のためにこのセミナーを受けに来たのですか?」と聞いたとき、「いい人生を送るためです」と言われると、相当距離があるのはわかるでしょう?

「仕事ができるようになるため」と言われると、ちょっと近づいてきた。「忙しい上司からの依頼内容を、時間をかけずに理解したい」なら、かなり近い。「時間をかけずに」ってことは、「上司の時間を節約したい」という要求があるんだとわかります。そうやってどんどん距離感を測りながら質問をしていくことが大事です。

――要求ツリーとは関係のない話が出てきたときはどうしたらいいですか？

ツリーに関係のない話が出てきてはダメかというと、そんなことはありません。質問するといっても、それは対話の中でするわけですから、話があっちこっちにいくことは当然あります。あっちこっちに話が飛ぶのも、相手が自分の思考を整理しようと試行錯誤しているプロセスの1つです。

相手の話があっちこっちに飛んだとしても、それを聞いている自分はツリーのラインを意識しながら、いまはツリー上の話をしているな、外れたな、と、どのあたりで対話が進んでいるかを常に意識する必要があります。意識していれば戻れます。

話がツリーからそれたとしても、周辺情報として取っておけばいいのです。そのうえで、いま、どこら辺にいるのかなと意識しながら、最終的には戻ることが大事です。

具体的な質問をしながらも、思考は左向きに

——いまの距離感もありますけど、やっぱりどうしても全体的には右側に行く傾向があります。『なぜ?』と聞くと、漠然とした質問になってしまうので、その『なぜ』を減らすための何かうまい質問といいますか、もう少し漠然とし過ぎない程度の質問を考えるのが難しい。

漠然と「なぜ?」と聞くと、相手も答えにくいときがあります。そんなときは具体的な質問をしながら、思考としては左向きに導くやり方があります。例えば「なかなかうまく質問ができなくて困ることがありますよね。最近、何か困ったことはありましたか?」みたいに。すると、「この間、社内の会議に出ていて、結論がなかなか出ずに困ったんですけど、あんなときに状況を打開する質問ができればいいなと思いました」といった答えがもらえるかもしれません。大切なことは、具体的な質問をしていても、思考の向きをあくまでも左向きに維持することです。

自分の語りが多くなると黄信号

――先ほど、自分の頭を整理するのではなくて、相手の頭を整理するという説明がありましたが、そこをもう少し詳しく教えてもらえますか？

情報は相手が持っています。その情報が欲しい。いくら自分の頭を整理しても情報は出てきません。当たり前ですね。相手から引き出さないといけない。ということは、情報を出しやすいように相手の頭を整理してあげないといけないわけです。自分が理解するためではなくて、あくまでも相手方に立って話をしないといけません。

あくまでも相手の世界について聞いていくということです。「それってつまりこういうことですか？」と言いながら、「ああ、なるほど、そんなことってありますよね」「それはこういう理解であってますか？」と確認する。自分の語りのほうが多くなると、それは自分の頭を整理し始めている恐れがあるということですね。

ファシリテーターとしての価値

——あくまでも相手の頭を整理させて、納得感を得るようにしなければいけないということですか？

そうですね。納得感、引き出された感とも言えますね。相手が「そうそう！それが言いたかった！」とか、「あぁ、自分はそんなこと考えてたんだなぁ」と自分でも気づいていなかった、うまく表現できなかったことが引き出されたとき、納得感、引き出された感が持てます。

ファシリテーターといわれるような人たちは、「それが言いたかった！」というものをうまく引き出します。それがあって初めてファシリテーターとしての価値があります。

——質問するときに、なるべく相手の気持ちになろう、相手の立場になろうと思って考えたのですが、今の話を聞いていると、自分の考えられる範囲は自分の経験の中でしかないから、それではダメなんですよね？

相手の気持ちになるのは難しいし、なれないです。相手と同化する必要はありません。相手の意図を理解しようとする必要はあるけれども、相手の身になってではなくて、相手の視点を理解すればいいのです。主体的な理解で構いません。相手にはなれないからこそ質問するわけです。相手の話をよく聞いて、「私はこう理解したけど、合ってますか？」と問いかければいいと思います。

やりがちな「問題解決」

——質問して回答をもらって、「ああ、なるほど、理解できました、ありがとう」という状態で完結してしまう自分がいたので、そういうときに何か有効な質問とか有効な返し方はありますか？

自分の中で、「あ、なるほど、確かに、これでいいんですね」となったとき、まず「自分の理解はこういうことで理解したけれど、認識は合っていますか」と聞き返さないといけないですね。このとき、オウム返しに相手の言ったことをそのまま返すのではなく、自分の表現に変えて返すのがポイントです。

部下に「わかった？」と聞いたとき、「わかりました」と返されても不安ですよね。「どうわかったの？」と聞きたくなります。自分が質問する側に回ったときは逆に、その「どうわかったの？」という問いに答えてあげないといけない。「自分はこう理解しました」と、相手の言っている意味を捉えて、別の表現に変えて相手に返すのです。

――相手の困りごとを聞いてるうちに、勝手に問題解決しようとしてしまいます。

はい、それはやってしまいがちですね。上司、部下の関係だとよくやってしまいます。みなさんが上司だとして、部下からアドバイスを求められたとき、上司として「部下の考える力を高めたい」といつも言っているのに、勝手に問題解決してしまう。せっかく部下の考える力を高めるチャンスなのに、上司が問題解決してしまったら意味がないですね。考えさせるのに必要なのは「聞く」と「質問する」だけです。問題との付き合い方は議論してもいいです。でも答えを出して、問題解決そのものをしてはいけません。

第4章　問いかけで「人」を育てる

4－1．質問によるマネジメント

4章は質問や問いかけによって「人を育てる」という話です。3章の最後にもあったように、自分で考えてほしいと言っている割には、自ら問題解決してしまうことがよくあります。知らず知らずのうちにやってしまうんですよね。質問して考えさせようとしているけれども、いつの間にかほとんど自分がしゃべっている。よく見かけるシーンです。

先日、全国チェーンのカフェに行ったとき、本部の人と思しき人がお店の従業員と話し込んでいました。おそらく面談のようなものだと思います。聞き耳を立てていたわけではないのですが、本部の人の声が結構大きくて耳に入ってきました。

「○○ちゃんはいまこのお店で何を求められているか、店長が○○ちゃんに何を期待しているか、考えたほうがいいよ」と話していました。次に「何を期待されていると思う？」と問いかけるのかなと思ったら、「そもそもマネジメントっていうのはさぁ…」とずっと話しているのです。

これは典型的です。面談という名の自分語り。部下に自分で考えて動いてほしいなら、自分の役割を認識してほしいなら、質問しないといけません。「何が期待されているか考えたほうがいいね」と言われたら、言われたほうは考え始めます。でも、考える時間を与えずに「そもそも…」と上司が話してしまう。これでは自分で考えるわけがありません。

連合艦隊司令長官・山本五十六の言葉

人を育てることも含めて、上司は部下をマネジメントしないといけません。では、「マネジメント」とは何でしょうか。

「やってみせ、言って聞かせて、させてみて、褒めてやらねば人は動かじ」というのは、太平洋戦争中の連合艦隊司令長官・山本五十六の言葉です。みなさん、この言葉を知っていますか。上位役職者の人にはこの言葉が好きな人が多いのですが、僕は、これはマネジメントではないと思っています。

『誰も教えてくれない 考えるスキル』(日経BP社発行)にも書きましたが、やってみせられることだけがマネジメントの範囲ではありません。マネジャーになって自分の責任範囲が広ければ広いほど、自分ができないことを人にさせる必要性が出てきます。

自分ができないことを人にさせる。P・F・ドラッカーはこれを「人をして成果をなさしめる」と言っています。人を使って成果をなすこと、それがマネジメントであるということですね。自分ではない人を使って成果を出すには、人が成果を上げられるような状況を作らないといけません。それがマネジャーの役割です。だから僕はマネジメントを、「チーム（部署）やメンバー（部下）が機能する状況を作り出すこと」と定義しています（**図4-1**）。

自分がやって見せられないことを部下にやってもらうために、上司ができることは何か。ヒト・モノ・カネといったリソース（資源）の確保はもちろんですが、「部下がうまく考えられる状況を作ること」がとても大事です。ここで必要になるのが「質問する」「問いかける」ことです。

図4-1 **マネジャーの役割とは**

チームや部署、メンバーや部下が
機能する「状況」を作り出すこと

ポリアの教え

G・ポリアという人が書いた『いかにして問題をとくか(How to Solve It)』(丸善出版発行)という本があります。数学の本で、翻訳の初版が昭和29年なのでかなり古い本ですが、問題解決全般に応用が利く本として数年前からまた売れているようです。この本では問題解決のプロセスを、「問題を理解すること」「計画を立てること」「計画を実行すること」「振り返ってみること」の4つのステージに分け、それぞれのステージでどんな思考をすべきかを「問い」の形で書いています。

この本の中でポリアはこう言っています。

もしも教師が学生の知識にふさわしい問題を与えて興味をそそり、適当な質問によって問題を解く手助けをしてやるならば、学生に自分自身でものを考える意慾と方法とを与えることができるだろう。

――『いかにして問題をとくか（wow to Solve It）』より

これって、まさにみなさんがやりたいことじゃないでしょうか。上司は教師ではありませんが、部下に適切な問題なり課題なりを与えて、部下が自分の頭で考えるように導き、モチベーション高く仕事をして、さらに成果を出してほしいというのは共通しています。

さらにポリアはこうも言っています。


教師の大切な仕事は学生を助けるということである。この仕事はあまりやさしいことではなく、これには時間と労力が必要であり、熱意と健全な指導原理とが必要である。

（中略）

もしも学生がさほど有能でない場合には、教師は学生に1人で仕事をしているかのように思わせるべきである。そのためには教師は時たま、目立たぬようにそっと助けてやらなければならない。

――『いかにして問題をとくか（How to Solve It）』より

学生を有効に、しかも目立たぬように、自然にたすけるためには、教師は同じ質問、同じ段階を繰り返し繰り返し示さなければならない。――『いかにして問題をとくか（How to Solve It）』より

学生であれ、部下であれ、自分が成果を上げさせたい相手には、自分でできたと思わせるように、目立たないように、自然に助けてあげる必要があります。そのとき、とても使える手段が「質問すること」です。しかも、それは1回だけではなくて、繰り返し、繰り返し、何度も質問する。つまり、プロセスに働きかけないといけないのです。

進捗会議で初めて遅れを知るのでは、マネジメントとは言わない

「プロセスに働きかける」の反対は、「結果に対して文句を言う」です。やってしまいがちですね。例えば、「マネジメントとは何ですか？」と質問すると、多くの人が「部下の進捗を管理する」と答えます。では、進捗管理とは具体的に何をしているのかというと、結果に対して文句を言っているだけだったりします。

プロジェクト型の仕事をしていると、たいてい1週間に1回程度の進捗会議があります。そこで部下から「すいません、3日ほど遅れています」と言われて、「なんで遅れてるんだ！」「なんでこんなことになってんだ！」と言うようであれば、それはマネジメントしているとは言えません。

カーナビにたとえれば、曲がらないといけない交差点を過ぎてから「さっきの信号を左折でした」と言っているようなものです。結果が出てしまってから「なんで遅れてるんだ！」といっても、結果はもう出てしまっているわけですから、その結果は受け入れるしかありません。ここで問題なのは、3日遅れたことではなく、3日遅れになっていることを進捗会議で初めて知ることです。

例えばカーナビでも「700メートル先左です」「300メートル先左です」「もうすぐ左です」「ここを左です」と、プロセスに対して働きかけますよね。マネジャーも結果が出てから文句をいうのではなく、プロセスに対して働きかけないといけません。そうでなければ、部下やチームが機能する状況は作れません。結果に対して文句を言うというのは、マネジメントとして、マネジャーとしてはまったく機能していないということです。

コーチングのプロセス

多くの企業では、目標設定面談や目標結果面談を実施しています。この面談のとき、上司から言われて一番嫌なのは「この間、こんなことあったよね。あれはダメなんじゃない？」と、面談になって初めて本人に伝えることです。本人からすれば「そのとき言ってよ」ってなります。

マネジメントとは、半年に1回、1年に1回といったスナップショットを見てするものではありません。プロセスを見続けることが必要です。必要があればいつでも、プロセスの途中で質問する、問いかけることで、部下が成果を上げる手助けをするのです。

これはコーチングのプロセスです。日本におけるコーチングの第一人者で、伊藤守さんという人が書いた『3分間コーチ』（ディスカヴァー・トゥエンティワン発行）という本があります。この本の中では「on going（現在進行形）のコミュニケーション」と表現されています。コミュニケーションは半年に1回、1年に1回といった「点」でするものではなく、ずっと続いているもの、常に「現在進行形」でなければならないと説明されています。

僕がこの『3分間コーチ』を初めて読んだのはプロジェクトマネジャー時代でしたが、それから何度も読み返しては、実践して、また読んでと繰り返した本です。とてもいい本です。全マネジャー必読といってもいいくらいです。

4―2．部下に成果を上げさせる6つのステップ～STEP1 要求（期待）を伝える

ビジネスにおける成果とは、問題を解決できたかどうかです。問題とは「現状とあるべき姿とのギャップ」です（図4-2）。例えば、売上目標が3000万円で、現状の着地見込みが2500万円だとすると、500万円のギャップです。ほかにも、「品質がよくない」「生産性が低い」「リーダーシップを発揮できない」「お客様との関係を築けない」なども、すべてあるべき姿とのギャップです。

このとき「とにかく頑張れ」では、マネジメントしているとは言えません。マネジャーは「問題は何か？」を示して、「どうすれば解決できるか」という問題との付き合い方を考える手助けをしてあげることが必要です。

先ほど紹介した『3分間コーチ』に着想を得て、自分の経験を踏まえて、部下への働きかけをプロセス化したものが（図4-3）です。6つのステップからなります。部下に成

図4-2 問題を課題化する
［問題とはあるべき姿とのギャップ］

- ギャップを埋めるための具体的な取り組み（階段）＝ 課題
- 課題に取り組んだ結果、解消されるギャップ ＝ テーマ

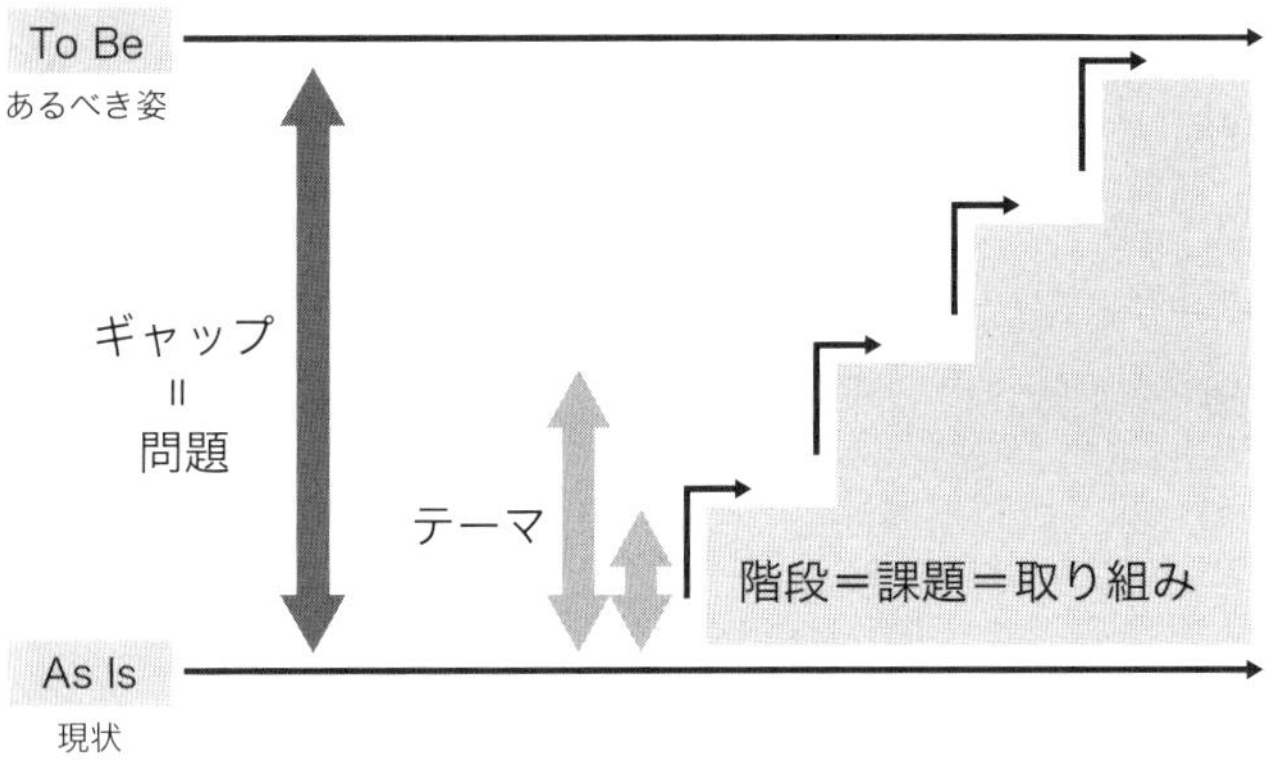

果を上げてもらうにはとても役に立つプロセスだと思いますので、それぞれのステップについて紹介します。

1つめのステップは「要求（期待）を伝える」です。企業で仕事をしている限り、すべての行動は、会社が求めるもの、期待するものでなければなりません。しかし、会社や上司が自分に何を求めているのかは、「驚くほど」伝わっていないものです。

僕が企業に呼ばれて、プロジェ

図4-3　継続的なプロセスのなかで働きかける

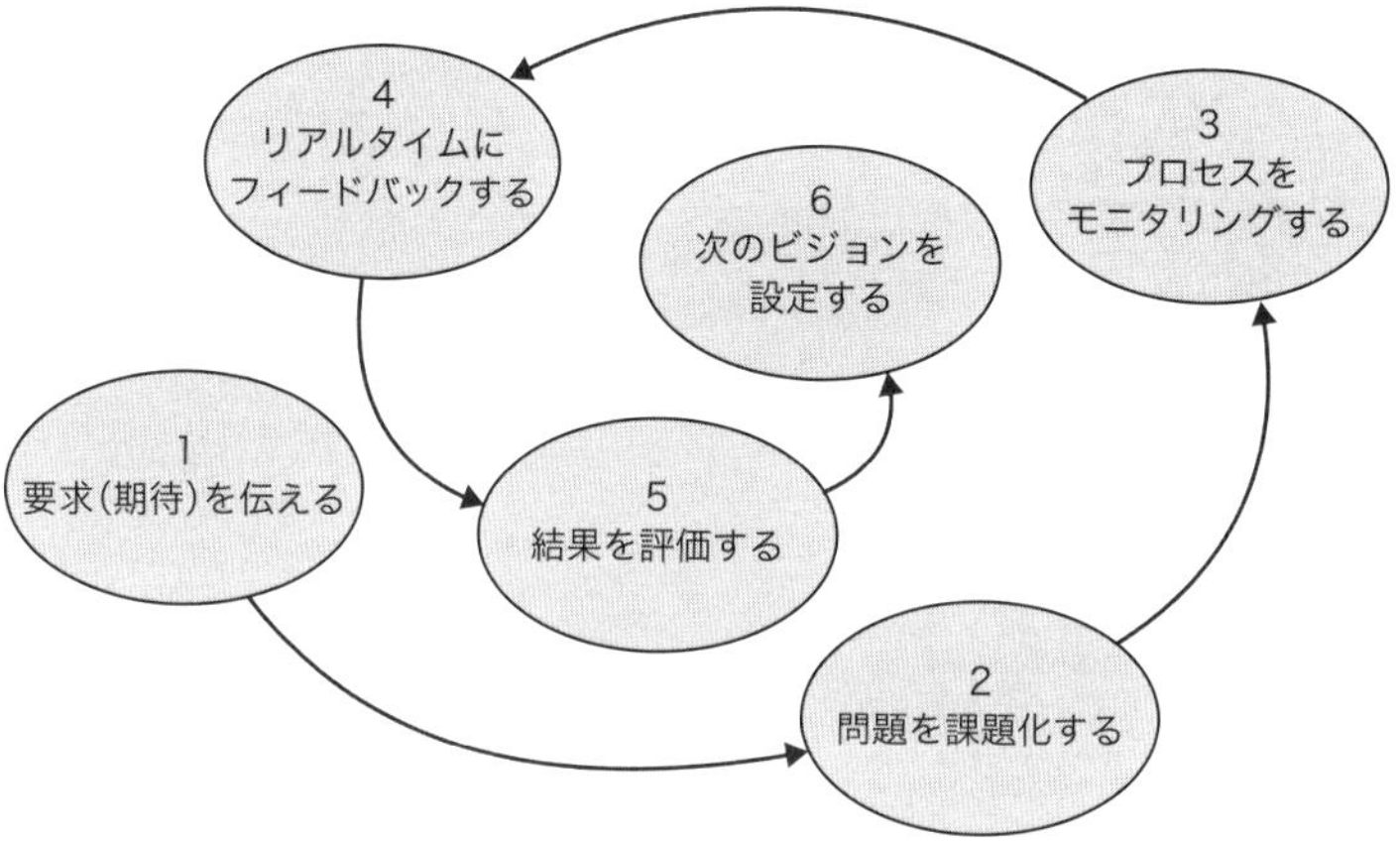

クトリーダー向けのコンサルティングや研修をするとき、最初に「ご自身のプロジェクトでは、どんな成果を期待されていますか？」と聞くと、ほとんどのリーダーは明確に答えることができません。その様子を見ている上司たちは「何度も伝えただろ」「いつも言ってるじゃないか」と言い、驚くほど伝わっていないことに愕然とします。

自分では伝えたつもりでも、驚くほど伝わらない。それが上司の要求なんですね。だから、マネジャーは、会社や自分が何を求めているかを、折に触れ、何度も何度も伝えないといけない。要求は伝えないとわかりません。「そんなこと言わなくてもわかるだろ」というのはマネジャーとしての怠慢です。

チームをたらい回しにされていた若いメンバー

僕がプロジェクトマネジャーをしていたとき、こんなことがありました。ある若いメンバーがチームにアサインされることになりました。いくつかのチームをたらい回しになって、「ほかに面倒を見てくれるプロジェクトがないから、お前のところで何とかしろ」って言われたんです。

それで、彼がくる前にそれまでいたチームのリーダーたちに話を聞きました。すると、みんな口をそろえて「言うことを聞かない」「社会人としての常識がない」と言うのです。「例えば?」と聞くと「服装が奇抜過ぎる」という。確かに、彼をチラッと見たときに少し変わった格好をしているなとは思ってたんですね。「じゃあ、注意したんですか?」と聞くと、「ちゃんと注意した。でも直さない」っていうんです。そのリーダーたちは「おれたちには手に負えないから、面倒を見てやってくれよ。ハハハ」みたいな感じです。話をしていて、僕は腹が立ちましたね。あまりに安易な感じがしたからです。彼がすごくかわいそうだと思いました。

彼がチームにアサインされた初日に、「今日は歓迎会だ。飲みに行こう」とチームで飲みに行きました。そこで「自分のチームに来たからには、一人前になってほしい」「教えられることは全部教える」「わからないことは何でも聞いていい」「チームメンバーのみんながそう思ってるから遠慮しなくていい」と言うと、「そんなふうに扱われたことがない」って彼は泣き始めたんです。

でも、注意すべきことは注意しないといけませんから、「一人前になってほしいって言ったよな。だからまず言うけど、その格好はやめろ」と言ったんです。「お客さんのところに行くとき、同じ格好で行けるか？」と聞くと、「いえ、お客さんのところに行くときには、ちゃんとした格好で行きます」という。「お客さんのところも、会社も、仕事場であることに違いはない。会社は『身内』だと思って甘えちゃダメだ。お客さんのところに行けない格好では来るな」と言うと、「確かにそうですね。わかりました。明日からちゃんとした格好で来ます」とはっきりと答えていました。

要求は「はっきり」伝える

「今まで、上司に言われたことなかったのか?」と聞くと、「言われたことがありません。『変わった格好をしてるね』『すごい格好だな』とかは言われましたけど、『やめろ』とは言われませんでした」。それまでの上司は、遠回しに言っているんですね。でも、遠回しではわからないです。「こんなこと言ったら嫌われるかな」「こんなこと言ったら刃向かわれるかな」と思って、はっきり言わない。はっきり言わずに伝わるわけがありません。

次の日、彼はリクルートスーツを着て来ました。「これしかスーツを持っていないんです」と言って、照れているのを見て「いいやつだな」と思ったのを覚えています。それを見たそれまでの上司たちは「どんな魔法を使ったんだ?」「あんなに言っても聞かなかったのに」と言うのですが、単純に「伝わってない」だけだったのです。

要求は、次のように「はっきり」伝えなければなりません。

「今期は売上を5％上げてほしい」
「リーダーとして後輩を育ててほしい」
「納期だけは絶対に守ってほしい」

「〜してほしい」とはっきり言うことです。定食屋さんに行って、「何でもいいから持ってきて」とオーダーしたら「レバニラ定食」が出てきたとします。そのとき「なんでレバニラなんだ！おれは焼肉定食が食べたかったんだ！」と怒ってもしょうがないでしょう。部下に動いてほしかったら、明確に、わかりやすく、オーダーしましょう。

要求を伝えるのも義務

第3章では、「要求を引き出すのはみなさんの義務」という話をしました。ここで矛盾することを言いますが、「要求を伝えるのはみなさんの義務」です。先ほどは要求を受ける立場で話をしましたが、今度は立場が違います。今度はマネジャーとしてのみなさんに話をしています。要求を伝えるのはみなさんの義務です。

常に自責で考えるということです。自分が要求を受ける側だったら、要求を引き出すのは自分の義務だと考える必要があるし、要求を出す側だったら、部下に対して明確に要求を表現するのが自分の役割だと考えないといけません。誰かのせいにした瞬間に、自分のコントロール外になってしまうわけです。それでは永遠に状況は改善されません。すべて自責で考える。そうすれば、状況を変えることができます。

4―3．部下に成果を上げさせる6つのステップ～STEP2 目標と課題を設定する

要求を伝えたら、次に「目標」と「課題」を設定します。目標とは「ギャップをどれくらい埋めるか」です。「問題＝ギャップ」は、一気に埋められるわけではありません。あまりに大き過ぎる問題に取り組むと手に負えません。なので「いつまでに、どれくらい」ギャップを埋められるかを設定するのが目標です。

このとき、本人が「ここまでならできそう」と思っているレベルと、マネジャーが「彼ならここまでやれる」と思っているレベルには、差があるものです。チャレンジングな目標を立てて、自分を追い立てる人もいますが、多くの人は上司が「ここまでできるだろう」と思っているよりも、低めの目標を立てます。自分に対する期待値が低過ぎるのです。そのとき「君ならもっとできるよ」と期待を伝えてあげるといいですね。

目標とは「その期間に埋めようとするギャップ」ですから、そのままでは取り組みよう

がありません。次に、どのようなアプローチでギャップを埋めるのかを考える必要があります。「とにかく頑張れ」では上司がいる意味がありません。

「目標＝埋めるべきギャップ」を設定したら、今度はそれを課題化します。問題の課題化とは、言い換えれば問題解決のアプローチを考えることです。行動可能・実行可能なテーマに分解するのです。このとき「こうすればできるだろ」と指導してしまうと、せっかくの考える機会を奪ってしまいます。

問いかけることで考えるきっかけを作る

「このギャップを生み出している要因は何が考えられる？」

「このギャップを埋めるために、どんなアプローチが考えられる？」

「この問題を解決するために、必要な材料やスキルは何があるかな？」

「最初に何から手をつける？」

「何か私に手助けできることはある？」

こんなふうに問いかけることで、考えるきっかけを作ってあげるのです。マネジャーが指示をしてやらせるよりも、自分で考えて、自分で行動を選択してもらうことです。人は「やらされる」ことが嫌いです。でも、自ら考え、自ら選択したことならば、モチベーションを持ってやりきることができます。

例えば、ソフトウエア開発で「不具合の発生率を1年で半分にする」と目標を立てたとします。では、どうすれば不具合の発生を抑えることができるでしょうか。たいていの場合「レビューを強化します」とか、「テストを強化します」という対策が出てきます。けれども、それだけでは不具合は決して減りません。むしろ、工数ばかりかかって、得るものは少ない。

次のように問いかけて、ギャップの埋め方を考えられるように思考を導いてあげることが必要です。

上司「不具合の発生原因は分析できてるの？」

部下「まだです」
上司「不具合はどこで埋め込まれるんだろう?」
部下「要件定義、設計、実装、それぞれのプロセスですね」
上司「うちの場合、どのプロセスで不具合を埋め込んでいるのが多いんだろうか?」
部下「それは分析したことがないですね。一度、不具合の流入プロセスを分析してみます。
そこから何か手を打てるかもしれません」

「やらされ感」を払拭する問いかけ

あなたが営業部長だとして、会社としての必達目標が高く、部下である営業担当者の目標をかなりチャレンジングにせざるを得ないとします。例年なら1人2000万円の売上目標を、今期は3000万円に設定したとします。部下からすれば、上から降りてきた目標で、変えることはできそうもない。そのままだと「やらされ感」しかありません。「そんなの無理に決まっている」と思いながら働くほど、辛いことはありません。

そんなときは、次のようなやり取りが必要です。

上司「今期は前期より高い目標になったけど、自分ではどう思っているの?」
部下「正直、厳しいと思います」
上司「じゃあ、どれくらいならいけそう?」
部下「2500万円だったら、頑張ればなんとかなりそうかなとは思います」
上司「なるほど、500万円はなんとかできそうと自分でも思えるのか」
部下「はい、行動量を増やしてもそれが限界です」
上司「なるほど、じゃあ行動量を増やす以外の方法はないだろうか?」
部下「うーん、どうですかね?」
上司「前期、失注した案件は、どんな理由で失注になった?」
部下「まず、価格ですね」
上司「価格以外にはなかったの?」
部下「他社がいつの間にかキーパーソンを押さえていたというのもありますね」
上司「なるほど。なぜウチはキーパーソンを押さえられてなかったんだ?」
部下「キーパーソンだと思っていた人がキーパーソンじゃなかったんです」
上司「そうか。仮にどうしていれば、ウチが取れていたと思う?」

部下「客先の世界の関係性を把握できる情報が取れていれば違ったかもしれないですね」
上司「ほかに何かできることはないかな?」
部下「そういえば、山田さんはこの状況でも前年比150%を達成しましたよね。彼にノウハウを教えてもらうことはできないでしょうか?」
上司「それはいいな。今度、山田くんに勉強会を開いてもらえるようにお願いしておこう」

上司は答えを出していません。ただ、質問をしているだけです。質問をすることで、部下は考える。提案も出てくる。上司は部下が成果を上げるために、動きやすい状況を作ってあげるのです。勉強会も状況作りの1つですね。

強みに着目する

問題を課題化するとき、本人の「強み」に応じたアプローチを考えてあげることも大事です。上司はどうしても自分の成功体験を基に考えてしまいがちですが、一人ひとりには個性があり、強みも好む仕事の仕方も違います。自分が成功したパターンが部下にも当てはまるとは限らない。むしろ、当てはまらないことのほうが多いと思っておいたほうがいいですね。

上司はどうしても部下の「弱み」に目がいきがちです。「部下の強みを挙げてください」と言われて、すぐに強みを言える上司は多くありません。でも「弱みを挙げてください」と言われたら、いくらでも思いつく。一方で、優秀なマネジャーは「強み」を生かすのがうまい。P・F・ドラッカーは強みの重要性を強調してこんなことを言っています。

成果を上げるエグゼクティブは、人間の強みを生かす。彼らは弱みを中心に据えてはならないことを知っている。成果を上げるには、利用できる限りの強み、すなわち同僚の強み、上司の強み、自分自身の強み、を使わなければならない。強みこそが機会である。強みを生かすことが、組織の特有の目的である。——『経営者の条件』（ダイヤモンド社発行）より

組織は強みを生かすためにあるのであって、弱みを指摘しあっても意味がありません。それぞれの強みを生かした先に成果がある。実際、成果を上げるマネジャーや経営者は、

強みを見抜く洞察力がすごいです。僕が尊敬する経営者の方は、直属の上司からも見えていない強みを、ほんの少しの接点で見抜いてしまいます。本当にびっくりします。

「強み」がなかなか思い浮かばないのであれば、一度「弱み」に着目するのも1つの方法です。強み・弱みは表裏一体だからです。例えば「細かいことにこだわり過ぎる」という弱みは、「緻密な仕事ができる」ということかもしれません。「何ごとも大雑把だ」というのは「全体観がある」という強みにつながるかもしれないのです。要するに、強み・弱みというのは、1つの特性がプラスに作用するか、マイナスに作用するかであって、同じものです。

強みリストを作る

僕はプロジェクトマネジャーをしていたとき、プロジェクトを開始するときに必ずやっていたことがあります。それは、チームメンバーの「強みリスト」を作ることです。メンバーの発言や行動から、どんなことを得意にしているのか、どんな仕事の仕方を好むのか、を挙げていくのです。最初はなかなか挙げられなかったのですが、観察を続けることで挙げられるようになりました。

「強みリスト」は、一度作って終わりではありません。マネジャーが部下の強みを正確に把握できているとは限りませんし、強みはあるきっかけで発現することも多いからです。

例えば、こんなことがありました。あるプロジェクトに、あまり人と話さないタイプの技術者がいました。技術力はとても高く、アウトプットの品質も高い。でも、コミュニケーションは苦手で、一匹狼。チームの負荷が高い状況でも、自分の仕事が終わったらさっさと帰ってしまう。飲み会にもあまり参加しません。それはそれで個性なので、彼には技術力が発揮しやすい仕事を任せ、顧客との折衝や部下の育成は頼まなかったのです。

ある日、若いメンバーがチームに入ってきて、ほかに教えられる人がいなかったので、たまたまその人に教育役を頼んだのです。すると、とても一生懸命に教えるではありませんか。残業なんかしなかった人が、若いメンバーと一緒に残って、そのメンバーができるまで、横についてあげている。しかも、教え方も一方的ではなくて、「そうはどうすればできると思う？」とちゃんと考えさせている。

「あの人はこういう人」と決めつけてしまいがち

僕は「彼の強みは『技術力』」と決めつけて、ほかの側面を見ていなかったと気づきました。それからは、「○○さん、彼にだけではなくて、ほかのメンバーにも技術的なアドバイスがあれば、ぜひお願いします」と頼んだのです。すると、レビューにも積極的に参加し、チーム全体の技術力の向上に貢献してくれました。

人は見えているものだけで、「あの人はこういう人」と決めつけてしまいがちですが、見えていない部分もたくさんあると考えたほうがいい。それは本人にとってもそうです。先の例では「自分はこんなに一生懸命に人を教育するタイプだとは思っていなかった」と感じているかもしれません。きっかけがあれば知らなかった強みが出てくるものです。

強みリストは常に更新し続けたほうがいいです。半年ごとの面談のときでもいいし、プロジェクトを開始するときでもいいです。「あいつはどんな強みを持っているんだろう？」

と部下について考える時間を持つことが大切です。

弱みの克服は、強みを発揮するため

「強みに着目しましょう」というと、「弱みは克服しなくてもいいのですか?」という疑問を持つ人もいると思います。もちろん、克服しないといけない弱みはあります。けれど、それはあくまでも「強みをより発揮するために克服したほうがいい弱み」です。

かつて、僕の部下に、チームメンバーからの人望が非常に厚い、リーダーシップのあるメンバーがいました。顧客との折衝もうまい。でも、技術力は普通でした。彼は僕の前についていた上司からずっと「技術力をつけろ」と言われていたそうです。でも彼は「僕はマネジャータイプなので、技術力をつけるよりも、管理能力を高めたい」といって、それまで上司のいうことを聞いてこなかったようです。

僕が上司になったとき、彼を見ていると「技術力をもう少しつければ、彼のマネジャー的な能力はもっと発揮されるのに」と思ったのです。そこで面談のときに「君はリーダーシップもあるし、メンバーから信頼もされている。顧客との折衝もできる。それは大きな強みだ。その強みを最大限に発揮するには、技術力をもっと高めるといいと思うよ。今後、プロジェクトマネジャーになったとき、技術的な判断をしなければならないことも出てくるし、顧客と話をするときに技術的な裏付けがあれば説得力も高まる。せっかくのリーダーシップとコミュニケーション能力を最大限に発揮するために技術に取り組んで見たらどうだ?」と言いました。すると「初めて腑に落ちました。やってみます!」と言って、それから技術に一生懸命に取り組むようになりました。

「君の弱みは○○だから克服しろ」と言われると、誰でも反発を覚えます。でも「強みを最大限に発揮するために、○○に取り組んで見たら?」というと、「なるほど、それもそうだな。やってみよう」となるのです。それは、あくまでも「強み」に着目しているからです。

4—4．部下に成果を上げさせる6つのステップ〜STEP3 モニタリング

働きかけのプロセスに話を戻します。目標と課題を設定できたら、そのあとは本人の様子をモニタリングします。モニタリングとは「見続けること」です。monitorという動詞には「一定期間、見続ける」という意味合いがあります。watchingではなく、monitoringです。プロセスを通じて見続けることが大切です。

先ほど、ポリアの言葉、「目立たぬように、自然にたすける」を紹介しました。目立たないように自然に助けるには、普段からコミュニケーションを取っていないとできません。いきなり上司に「ちょっといいか」と会議室に呼ばれても、緊張するでしょ。それよりも、普段の会話の中で、次のように呼び水を指してあげるのです。

「どう？　順調？」
「何か問題はない？」
「何か困ってることはない？」

すると「いま、こういうことで行き詰まってます」とか「こんな課題がありまして」という話を聞くことができます。

言い換えれば、モニタリングとは「日々のコミュニケーション」です。普段、まったく部下と話をしないで、1カ月に1回のミーティングで部下の状況を把握することはできません。進捗会議や月次報告のミーティングなどは、やはり「公式の場」であるという意識が働きます。公式の場で、普段思っていることや困っていることを相談できるはずがありません。

「みんなの前で、こんな些細なことを相談しても…」
「この場で言うほどのことでもないし…」
「同席している人の問題について、ここでは言えない…」

このように思うのは自然なことです。普段の仕事の中の「ちょっとしたこと」に重要なことが隠れています。この「ちょっとしたこと」をいかにすくってあげるかが、マネジャーとしての腕の見せどころです。

日報でリアルタイムに状況を知る

とはいえ、部下が話したいときにいつも上司がつかまるわけではありません。上司だって出張もするし、顧客のところでミーティングもするでしょう。上位役職者であれば、経営に関わる会議も多くなります。そういった中で、部下がいま何をしていて、何を考えていて、プロジェクトの状況はどうなっているのかを知るには「日報」という仕組みを使うのがお薦めです。

日報は、部下やプロジェクトの毎日の状況をつかむのにとても有効なツールです。なぜ、週報でも、月報でもなく、日報なのかというと、情報が生々しく、リアルタイムだからです。

先ほど、モニタリングとは「日々のコミュニケーションである」と言いました。部下を「目立たぬように、自然にたすける」には、コミュニケーションのハードルはできるだけ低いほうがいい。ちょっと困ったことや、いま考えていることを、構えずに表現できるものがいいのです。

週報や月報は必要です。それは「ストック」の情報として必要です。ストックの情報とは「あらゆる活動が蓄積された、ある時点での『結果』」です。会社の財務諸表でいえば「BS（貸借対照表）」です。BSは、これまでの企業活動の結果、いまどうなっているのかを「資金の調達手段」と「資金の運用形態」の2面で表現したものです。言い換えれば、「どこからお金を持ってきて、それが何に化けているか」を表したものです。

一方で、「PL（損益計算書）」は「フロー」の情報を扱っています。会計期間中のビジネス活動（取引）で、いくら売り上げたのか、何にいくら使ったのかという「動き」を表しています。日報はこのフロー、動きの情報を集める役割を持っています。

ストックの情報はスナップショットですから、ある時点の輪切りの情報です。例えば「現金は1000万円あります」「負債は500万円です」「在庫が100万円分あります」とか、「進捗率は80％です」「かかった時間は何時間です」という現時点での結果や、結果に対する分析がそこには含まれます。でも、そこに至るまでのプロセスは見えません。いまどうなっているかはわかるけれど、なぜそうなったのか、これからどうなるのかは見えにくい。

フローの情報はプロセスです。「今日の売上はいくらだったのか」「何を、いくらで買ったのか」「今日は何をしたのか」「いまどんなことを考えているのか」「今後の見通しはどうなのか」など、フローの情報からは日々のリアルタイムの情報を得ることができます。

フローは日常の情報、生モノの情報です。つまり、普段のコミュニケーションの延長線上にあります。進捗会議や月次の報告会議では言えない、もしくは言うほどのことでもないことを、日報なら構えずに書いてもらうことができます。

目隠ししてマネジメントしているようなものだった

僕はプロジェクトマネジャー時代、毎日、チーム全員分の日報を読んで、状況を把握していました。チームメンバーは150人ほどいて、それがサブチームに分かれ、さらに拠点も分散していましたが、日報のおかげでそれぞれのチームの状況、メンバーの心理状況、発生しているトラブル、リスクなどの情報をリアルタイムに把握することができました。

返信は、毎日、全員というわけにはいきませんでしたが、頑張っている人、心理状況的に気になる人、悪い情報を上げてくれた人などには、できるだけ返信するようにしていました。聞いてみると、返信が返ってくるのはうれしいみたいです。それは「ちゃんと読んでくれている」「ちゃんと気にかけてくれている」ということがうれしいみたいです。

直接会って話をするときも、「昨日の日報に書いてたあれ、どんな感じなの?」と質問することができます。すると「そうなんですよ。ちょっと困っていて…」と自然に会話ができるようになります。

僕がお手伝いしているクライアントでも、日報を導入してしばらくすると、「日報ってこんなに便利なものだったんだね。日報がなかったころは、目隠ししてマネジメントしていたようなものだ」という人もいるくらいです。

部下の思考力を高める日報フォーマット

日報はできるだけ時間をかけず、サラッと書けるくらいの分量がいいです。日報を書くのに時間がかかってプロジェクトが遅れる、なんてことが起きれば本末転倒ですから。それにサラッと書いたほうが「生々しい」情報が集まります。

僕がコンサルティングでお薦めしているのは、「実績（やったこと）」「予定（これからやること）」と一緒に、「現象」「事実」「解釈」「感想・学び」の4つの欄がある日報フォーマットです。「現象」は「目についたこと」です。例えば、次のように、仕事の中で目についたことを何でもいいから書くようにしてもらいます。

「今日、お褒めの言葉があった」
「プロジェクトの進捗が思わしくない」
「クライアントの□□社は、新しいプロジェクトを立ち上げるらしい」

「事実」は、現象を説明する事実です。

「○○社のAさんから『山田さんは対応が早くて助かっています』と言われた」
「プロジェクト進捗が、予定80％に対して、60％にとどまっている」
「□□社のBさんが『隣の部署で新しいプロジェクトを始めるみたい』と話していた」

このように、現象を説明する「事実」だけを書きます。現象はパッと目についたこと、思ったことですが、事実は純粋に起きたこと、言われたことだけを書きます。

「解釈」は、その事実をどう捉えているか、今後どうなりそうか、手を打つならどうすべきかを書きます。

「山田くんは、もう一人で動いても大丈夫そうだ」
「次のマイルストーンに間に合わないので、少し稼働時間を上げて対応したい」
「営業に□□社の新プロジェクトの動きを把握しているかを確認します」

欄を分ければ「事実」を探すようになる

書いていることがよくわからない日報があります。それは、書いてある内容が事実なのか、それとも書いた人の意見なのかがわからないのです。だから、「現象」「事実」「解釈」を分けて書いてもらうといいのです。こうやって分けて書くようにすると、部下は「事実」を探すようになります。思い込みではなく、解釈を入れない事実を探す練習をすることで観察力を高められます。

そして最後に「学び・感想」を書くようにします。「学び・感想」を読むと、いま部下が何を考えているのか、どんな心理状態にあるのかがわかります。文章は正直なもので、気持ちがやさぐれているときは、やさぐれたような感想になりますし、やる気に満ちているなら、やる気に満ちた感想になります。

時間がないときは、この「学び・感想」だけでも読んでおくといいですね。ちょっとしたコツですが、「学び・感想」はフォーマットの一番上に書くようにしておくと、大量に読まないといけないときでも素早く読めるので便利です。

「学び・感想」を書くことの副次的な効果として、部下の「内省を促す」ことができます。人の成長は、1つの出来事からどれだけの学びを得られたかに比例します。同じ経験をしても、飛躍的に成長する人と、そうでない人がいるのは、同じ経験に対してどれだけ思索したかの違いです。この日報のフォーマットは、かたちを変えた「問いかけ」です。「学び・感想」は、「そこから何を学んだか?」「その経験をあなたはどう捉えたか?」という、内省を促す問いかけの機能を持っているわけです。

4―5．部下に成果を上げさせる6つのステップ～STEP4 リアルタイムなフィードバック

先ほど、「日報には返信してあげるといいですよ」と話しました。これはフィードバックです。マネジャーとしていまの部下の状況をどう見ているかを、リアルタイムにフィードバックしてあげる。

部下本人は、いつも不安に感じています。「自分はゴールに近づいているのだろうか」「自分のやり方はあっているのだろうか」と。自分で自分の現在地を把握するのは難しいものです。だから、上司が「このままで大丈夫だよ」「少し軌道修正したほうがいいよ」と教えてあげるのです。

直接的に教えるのではなく、できれば部下に自分で気づいてほしいですね。ここで使えるのが「アクナリッジメント（承認）」です。これは、部下がやったこと、できていることを「事実を事実として認める」ことです。

マネジャーとしては、「それじゃダメだよ」「こうしてください」と行動を修正したくなります。でも、ずっとそれをやられると部下は萎縮してしまいます。

「アクナリッジメント（承認）」は、自分がしてほしいと思っていること、自分が導きたい方向に向かう行動を見つけ、それを認めてあげることです。本人も気づいていないけれど、とてもいい行動をしていることはよくあります。「お、やるな！」という瞬間ですね。それを見つけて、伝えてあげる。

「お！報告書の期限を守ったな」
「お！メンバーによく声をかけてあげてるね」
「お！会議で発言したな」

この「お！」という事実を伝えてあげる。褒めるよりも「事実を事実として認める」ことが大切です。

上司から見ると「お！」であっても、本人が気づいていないことは結構あります。それをちゃんと見つけて「お！」と言ってもらえると、人はうれしいものですし、「自分は間違っていないんだ」「この方向でいいんだ」とわかるのです。

4―6．部下に成果を上げさせる6つのステップ～STEP5 結果を評価する

区切りになれば、例えば3カ月とか半年に1回、もしくはプロジェクトのスタート時、完了時などに、それまでの期間について、部下と一緒に評価します。「上司が部下を評価する」のではなく、「部下と一緒に、その期間の活動を評価する」ことが大切です。

プロジェクトマネジメントでは、プロジェクトのフェーズが完了したとき、プロジェクト自体が完了したときに「振り返り」を行います。これは対象となるフェーズなり、プロジェクトの「活動」について反省ではなく、文字通り「振り返る」のです。

このとき、よく使われるフレームワークが「KPT」です。

Keep：うまくいったこと、今後も継続すること
Problem：うまくいかなかったこと、改善すること

Try：次にやってみたいこと

この３つの視点でプロジェクトを振り返ることで、経験からの学びを最大化できます。個人の活動についても同じ視点が使えます。

マネジャーは一方的な評価を伝えるのではなく、部下本人にその期間の自分自身の取り組みとその結果をどう捉えているかを聞くことから始めます。その上で「ＫＰＴ」の３つの視点で本人の気づきを促すといいですね。

4—7．部下に成果を上げさせる6つのステップ～STEP6 次のビジョンを設定する

取り組みと結果について評価ができれば、そこでひと区切りがつきます。プロジェクトもそうですが、この「区切り」が大切です。うまくいったとしても、いかなかったとしても、そこで一旦区切る。そうすることで、次への行動が取れるようになります。

僕はプロジェクトが終わったときや、期が終わったときの「打ち上げ」はできるだけするようにしています。ちなみに「お正月」もそういった区切りをつける意味が大きいんじゃないかなと思っています。お正月があるおかげで、1年を振り返ることができますし、「今年は○○を頑張ろう」と思えるわけです。

区切りがついて、次への行動への意志が湧いてきたところで、次のビジョンを設定します。

「次のプロジェクトではチームをどうしたいか?」

「1年後、自分はどうなっていたいか?」

「そのために、まず何から手をつけるか?」


ビジョンを設定すれば、それに基づいてコミュニケーションを取ることができます。

4―8. 相互依存の関係を理解する

ここまで、働きかけのプロセスを見てきました。働きかけのプロセスとは、日々のコミュニケーションです。このコミュニケーションの前提には、「マネジャーと部下の相互依存の関係」があります。

「マネジャーと部下の相互依存の関係」とは、言い換えると「部下あっての上司であり、上司あっての部下である」ということです。マネジャーとは「人をして成果をなさしめる人」でしたね。部下も上司や会社の要求があって、初めて自分の仕事が決まるわけです。

昔、上司に言われたことを思い出しました。プロジェクトマネジャーとして働いていた頃です。自分勝手なことを言うメンバーがいました。エンジニアとして技術力も知識も足りないのですが、「こんなやり方ではダメだ」といったような批判を裏でしていると聞いたのですね。リーダーとしては「おいおい、自分で成果を出してから言え」と言いたくなります。しかも、僕は上司から「あいつ、エンジニアとしてちょっと難しそうだから、ほかの部署にやったらどうだ?」と言われていたのを、「もうちょっと様子を見てみます」とかばっていたので、余計に腹が立ちました。

そこで、上司に愚痴ったわけです。「部下は上司に守られていることに気がつかないんですよね」と。すると上司は「まぁ確かにそうかもしれんが、上司は上司で部下に生かされてることに気づかないものだ」と話したのです。

これを聞いて「なるほどな」と思いました。部下がいてこその上司である。部下がいなければ、上司の成果はありません。部下がいて上司がある。上司がいて部下がある。つまり、相互依存の関係が部下と上司にはあることを理解しないといけないわけです。

この相互依存の関係を理解していないと、うまく質問をして、部下に考えさせることはできません。考えさせるのではなくて、「俺が考えたようにやれ」「俺の言う通りにやれ」「俺がやってきたようにやれ」となってしまうからです。自分のコピーを作ろうとしてしまうわけです。そうすると、人材は拡大再生産ではなくて、縮小再生産になっていきます。コピーはオリジナルより必ず小さくなりますから、組織・部署の仕事の能力はどんどん低下していきます。

自分で考えさせる、部下に考えさせることによって、自分一人ではできないことを達成する。それがマネジメントです。相互依存の関係を理解し、部下が成果を上げられるような状況を作る。上司は、部下が成果を生み出す支援をするべきなんです。

敬意ある問いかけをする

そこで必要になるのが「敬意ある問いかけ」です。エドガー・シャインという組織行動学の大家が書いた、原題が『Humble Inquiry』という本があります。翻訳版は『問いかける技術』（英治出版発行）というタイトルです。この「Humble Inquiry」は「謙虚に問いかける」と訳されていますが、「謙虚」というと、なんだか「控えめ」とか「へりくだった」質問をするようなイメージを受けますね。

「Humble」とはどう意味かというと、「A humble person is not proud」、この文では「鼻

に掛けない」というニュアンスで、「and does not believe that they are better than other people」（自分がほかの人よりも優れているとは思っていない）という意味です。つまり、相手に対して敬意を持っているという意味だと僕は理解しています。

ですから僕は「敬意ある問いかけ」と言っています。これはどこから来ているかというと、先ほど言った相互依存という話です。シャインはこのように言っています。

もし、シーソーゲームやリレー走で私がメンバーを引っ張っていく立場にあり、試合の勝敗は全員の働きぶりにかかっているとしたら、私自身に自覚があるかないかにかかわらず、ついてきてくれるメンバーたちに事実上頼っていることになる。シーソーを動かし、バトンをつなぐためには、参加者全員が公的な地位に関係なく、互いに依存していることを認識すべきだ。
——『問いかける技術』（英治出版発行）より

「今ここで必要な謙虚さ」というのは、私があなたに対して抱いている思いである。私が目指すゴールの達成や任務の遂行のために必要な情報をあなたが持っている、あ

図4-4 敬意ある問いかけ

- 発言を控えて、問いかける
- 相互依存の関係を理解する
- 指示するのではなく、協力を引き出す
- 自分は知らないと積極的に認める
- 自分を弱い立場に置くことを恐れない

るいは私になんらかの便宜を図ってくれようとしているとき、この時点における私の立場はあなたの立場よりも劣っている。私が成し遂げようとして頑張っていることに手を貸すのも邪魔をするのも、あなた次第だ。一時的にせよ、あなたをあてにしている私としては、あなたに対して謙虚にならざるを得ない。――『問いかける技術』（英治出版発行）より

部下と上司というのは、上と下の関係ではなくて、役割の違いです。自分は部下に依存しているんだと理解して、問いかけをしていく。それが敬意ある問いかけです。部下を自分が使うべき人物と思うのか、それとも部下に動いてもらわないと自分の成果もないんだと思うかで、

図4-5 ワンダウンポジションをとる
[相互依存の関係を理解し、自分を弱い立場に置くことを恐れない]

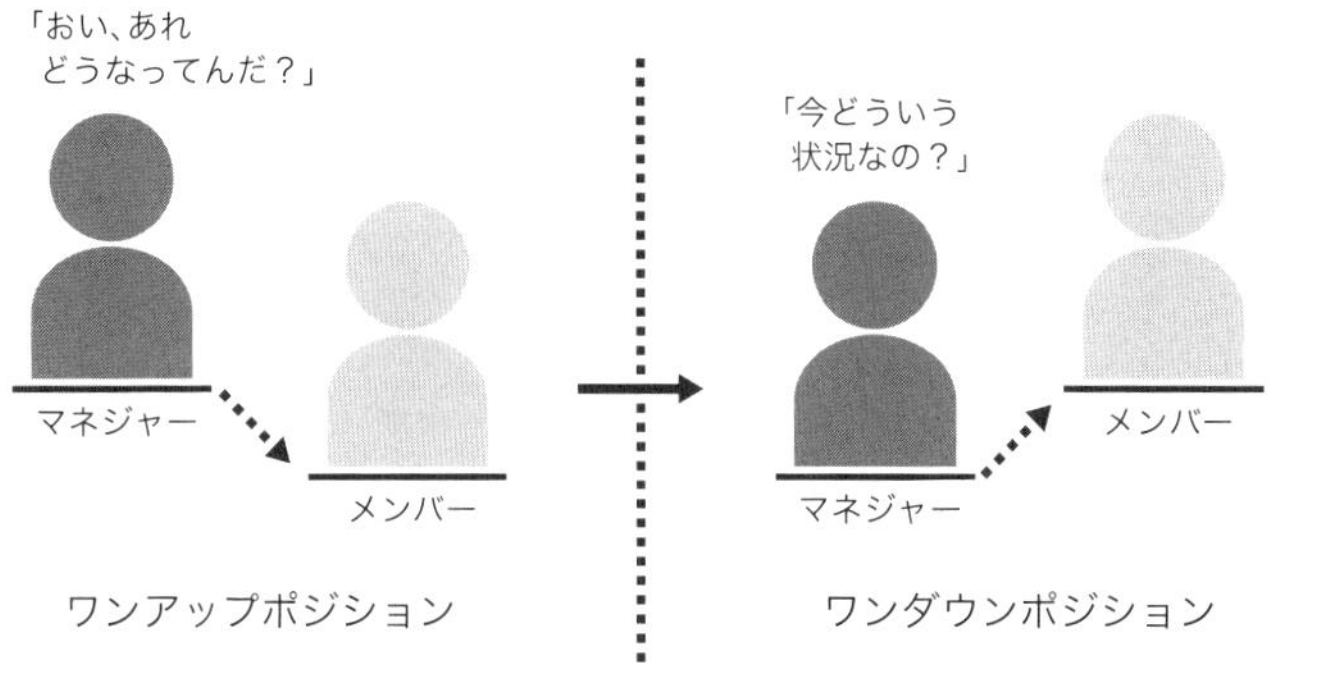

接し方、問いかけの仕方がまったく変わってきます（**図4-4**）。

ワンダウンのポジション

これは言い換えると「ワンダウンのポジションを取る」ということです（**図4-5**）。自分が部下に依存していることを認める。自分が知らないということを認める。これは上司としてはなかなかできないものです。特に自分に自信がないとポジションを下げることができません。バカだと思われたくない。自分の評価が下がるかもしれない。そう思うから、質問ができないのです。でも質問をしようがしまいが、部下に依存していることには違いありません。だからあるがままの自分を認めて、「僕はそれをよく知

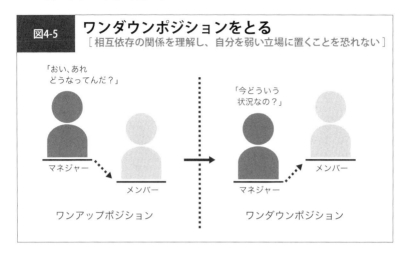

らないんだけど」と言えるかどうかがすごく重要です。

すごく精神論的なことを言っているように聞こえるかもしれませんが、ワンダウンのポジションを取ることで、相手は安心して話せます。部下に対して「おい、あれどうなってんだ?」と聞くのと、「あ、ごめん、それよくわからんから教えてもらっていい?」「今どういう状況なの?」「なるほどね、こういうときはどうしたらいいの?」というのでは全然違います。相手がいないと自分の成果もないことを理解し、自分を弱い立場、「わからない」「詳しく知らない」という立場を取ることを恐れないでくださいということです。

問題解決を助ける問いかけ

部下とのコミュニケーションは何のためにやるのかというと、「目立たぬように、自然にたすける」ためでしたね。部下が成果を出せるように支援してあげる。成果とは問題解決できたかどうかですから、問題解決を助けられるように問いかけをします(**図4-6**)。

「いま何が起きてるの?」

図4-6 問題解決を助ける問いかけ

- いま、何が起きているの？
- この事態を○○さんはどう捉えているの？
- 問題を解決するには、例えばどんなアプローチがある？
- 問題を解決するには、どんなスキルやリソースが必要かな？
- 問題を解決するために、私にできることは何かな？

「この状況をどのように捉えているの？」

「問題を解決するにはどんなアプローチが考えられる？」

「問題を解決するために、どんなスキルやリソースが必要かな？」

「問題を解決するために、私に何かできることはないかな？」


上司にこんなことを言われたらうれしくないですか。こんな上司はなかなかいないですよね。でも言われたらうれしいし、考えますよね。

あと、上司として困るのは「どう

図4-7　部下の思考を深める問いかけ

- ○○さんは、どうしたいの？
- その意図は？
- それをしたら、何が起こる？
- ほかの選択肢はある？
- ○○さんは、どう思う？
- 今後、起こるとしたら何が起こりそう？
- 問題を解決するために、私にできることは何？

したらいいですか？」と、部下から丸投げの質問をされることです。そんなときは、部下の思考を深めるように問いかける（**図4-7**）。例えば、

「○○さんはどうしたいの？」

と聞いてみる。すると「こうしたい」「こうするのはどうでしょう？」と答えるでしょうから、そこでさらに聞いてみる。

「その意図は？」
「そうしたら、どうなると思う？」
「ほかの選択肢はある？」

「どうしたい?」と聞いて返ってくるのは、根拠はあっても「なんとなく」なんですね。「なぜそうするのか」には答えられないことが多い。それでは前提が崩れたときに次の手段を考えられない。場当たり的、手当たり次第のモグラ叩きになってしまいます。だから、その意図を問うわけです。

さらに「そうしたらどうなると思う?」と聞くのは、これはリスクに対する質問です。意思決定の質を高めるために大切なことは「それをしたときに次に何が起こるか」を考えることです。難しくいうと「潜在的問題分析」です。何かをすれば、必ず反作用が起こる。その反作用にまで対処しておかなければ、どうしても後手に回ってしまいます。だから「そうしたら、次にどうなると思う?」と聞くわけです。

部下が持ってきた提案に「穴」が見えるときがあります。そのとき、「これは考えたの?」「あれは考えたの?」と言うと、単なる突っ込みでしかありません。でも「そうしたらどうなると思う?」と聞かれたら考えますよね。質問によって考えるようになるわけです。

「それをしたら何が起こるかな?」という問い

僕が新卒で会社に入った直後、『読むクスリ』(文藝春秋発行)という本を読みました。その中に、「社員が読んだ本は全部会社で持つ。雑誌でも、漫画でも、何でも本を読むことは頭を鍛えることだから、という会社がある」と書いていました。その頃の僕は会社というものを知らない、怖いもの知らずでしたから、社長にメールを出しました。「うちもこれをやりませんか?」と。バカでしょう。

するとすぐに社長秘書から電話がかかってきました。「社長がお呼びです」って。で、社長のところに行くと、「ああ、芝本君、メールありがとう。これをしたら何が起こると思う?」と聞かれたのです。そのときまで僕は、提案はするけれども、それをしたら何が起こるのかと考える習慣はありませんでした。すると社長は「これを制度として導入したら、まず使う人と使わない人が出てくるよね。それは不平等にならないか。あと、会社の経費で精算したとして、それは成果を生むかな?」と聞かれました。

「そうですね…」としか言いようがありませんでした。「でもこういう提案はいいからどんどんしてくれていいよ、ありがとう」と言われ、僕は席に戻ったのですが、そのとき、強烈に頭に残ったのは、「それをしたら何が起こるかな?」という問いです。

それ以来、なんらかの意思決定をするときに、常に考えるようになりました。「それをしたら何が起こるのか?」。提案するのは難しくないんですよ。でもそれを実行したときの副作用を考えられるかどうか。その思考の深さが人によって違うわけです。

経営者というのは、ある案を実行すると、次に何が起こるのかをシミュレーションしながら経営しています。できるプロジェクトマネジャーもそうですね。シミュレーションです。「それをしたら何が起こるのか、それをしたら何が起こるのか」と考え続けています。将棋を指すのと同じですね。この手を打てば相手はどう出てくるだろうかというシミュレーションの頭脳戦です。ビジネスも同じです。これをしたら何が起こるのかを常に考えないといけない。だから部下に対してもそれを聞くわけです。

判断力は「比較する」ときに最も発揮される

意思決定の質を高めるもう1つのポイントは、「複数案から選択する」ことです。多くの人は問題が起きたとき、1つの対策しか考えません。オプションがないわけです。しかし、最初に思いついた対策が正しい（機能する）かどうかはわかりません。だから、無理やりにでも複数案を考える。その複数案の中から「選ぶ」ことが大切です。なぜなら、人の判断力は「比較する」ときに最も発揮されるからです。1つしか案がなければ、「やるか、やらないか」になります。でも、3つの案があれば「どれが最も優れているか」を比較できます。それぞれの案について、優れているところ、劣っているところを比べることができます。「ほかの選択肢はある？」という問いかけは、この選択を促すものです。

これを毎回、毎回、ずっと聞き続けていると、相談するときに部下が事前に考えてくるようになります。そうすることで部下の思考力が高まっていきます。

さらに僕がよくするのが、隣に座っている人に「どう思う？」といきなり質問することです。チームのミーティングをしているとき、例えばAさん、Bさんがいるとします。

Aさんとマネジャーがやり取りをしているとき、ほかの人はだいたい他人事になるんですね。そのままだと、Aさんとマネジャーのやり取りで完結してしまいます。

せっかくの考えさせるチャンスなのに、Aさんだけで完結させてしまうのはもったいない。また、チームですから、他人事ではなく、自分ごととして考えてほしい。だから「Bさんはどう思う?」と問うわけです。そうやっていつ振られるかわからない状況だと、自分に聞かれているときでなくても、答えを考えるようになります。いつ意見を聞かれるかわからないですから。

予断を持たない

部下に対して問いかけるとき、意識してほしいことがあります。それは「予断を持たない」ことです。予断を持たずに尋ねる。「どうせ、こうなんでしょ」と相手に聞く前から先入観を持ってしまうのはよくありません。「前もそんなことあったよね」とか「俺ならこうするな」とかです。

上司から見えている範囲というのは、本当に一部でしかありません。現場の仕事は、部下が一番よく知っています。かつて自分がやっていた仕事であってもそうです。

かつて自分がやっていた仕事だと、「自分のほうが知っている」と思ってしまいがちです。確かにそうなのかもしれないけれど、いまの実情を全部知っているわけではありません。自分は知らない、わからないから教えてねというスタンスで質問をしないといけないということです。

ただ、「どう思う?」と問いかけて、返ってきた答えが「ちょっと違うな」と思うことはよくあります。自分だったらそうはしないなと思うケースです。でも、致命傷にならないのであれば、やらせてみればいい。上司って、何か言いたいんです。「もっとこうしたらよくなるよ、別にいいんだけど」と。いいんだったら言うなという話になるわけですよね。結果に大きな違いがないなら、やらせてあげればいいんです。

僕もプロジェクトマネジャー時代、部下にやらせてあげることができずにいました。ソフトウエアの設計でも、仕様書などのドキュメントを書くときも「部下にやらせるより、自分が具体的にアドバイスした方が品質は高い」という思いがあるわけです。より品質が高いものを納品できる術があるのに、それをしないのは顧客に申し訳ないと思うんですね。でも、自分で見れる範囲には限界があります。それに「自分でやる方が品質が高い」といっても、10倍も20倍も高くなるわけではない。もし、そんなシーンがあればやればいいんです。それよりも部下が「考えてもどうせムダ」と思われる方がよほど害があります。いつまで経ってもチーム全体の品質が上がらないわけです。

上司に提案して、「いや、もっとこうしたほうがいいよ」と言われたら、「最初から考えないほうがいいや」と部下は思います。上司がより良い答えを出してくれるんだったら、考えなくてもいいと思うんです。

かつての上司に言われたことがあります。「お前は部下の失敗の芽を摘む。それはチームと部下の成長を妨げている。早めに、小さく失敗させてやれ」と。なるほどな、と思いました。自分は部下のため、顧客のためと思っていても、全体を見渡してみると部分最適でしかなかったんですね。

やらせてあげれば、なんらかの結果が出ます。そこで「もっといいやり方があったかな？」「次やるとしたらどこを改善する？」と聞いてあげればいいわけです。先ほど言いましたよね。問題を課題化してモニタリングして、リアルタイムにフィードバックして、評価してあげる。そうすることで、部下もチームも成長することができるんですね。

4―9．問題の課題化の練習

では、実際に練習してみましょう。上司が部下にしてあげられることは「継続的なプロセスの中で、問いかける」ことです。問いかけることによって、部下が成果を上げられるように、問題解決をできるように支援します。

まず、要求を伝えて、問題を課題化して、プロセスをモニタリングする。そしてリアルタイムにフィードバックして結果を振り返って、次のビジョンを設定する（161ページの図4-3参照）。このプロセスの中で、ここでは「問題を課題化する」にフォーカスしたいと思います。

成果とは「問題を解決すること」です。みんなそれぞれ業務で問題を持っています。毎日、同じ仕事をまったく同じようにこなせばいいという仕事はありません。達成しないといけないこと、改善しないといけないことが必ずあるはずです。まず、その問題は何なのかを明らかにする。「問題の設定」ですね。

次に、質問することで、「その問題を解決するにはどんなアプローチがあるのか」と思考を促して引き出します。問題はギャップでしかありませんから、問題を設定するだけでは行動に移れません。ですから、行動可能な手段に変換します。これは「問題の課題化」です（160ページの図4-2参照）。

問題を設定してから、解決のアプローチを問いかける

問題とは「現状」と「あるべき姿」のギャップであり、そのギャップを埋める階段が課題だと説明しました。ということは、問題を設定して、課題化するには、まず「現状」と「あるべき姿」を知る必要があります。「現状」と「あるべき姿」のどちらを先に聞くかは、ケースバイケースです。

解決しないといけないことが明確であれば、「現状」から聞くことができます。一方で、そもそも現状で問題を感じていない場合、何が問題かがよくわからない場合、「現状はどうですか？」と聞かれても答えようがないですね。その場合、次のように「あるべき姿」を想起させる質問から始めたほうがいいです。

「本来のあるべき姿ってどのようなものだろう?」
「いま、まったく困っていないということ?」
「いまの状態はもう改善する必要がないということ?」

「現状」と「あるべき姿」が明確になれば、おのずとギャップがわかります。そこで、今度はギャップ解消のアプローチを問いかけます。

「そのギャップはどうやって埋めればいい?」
「あるべき状態に近づけるためには、どんなステップを踏む必要がある?」

このように問いかけることで相手の思考を促していくわけです。

相手ではなく、自分をコントロールする

ではここで、今日初めて会った人に質問することを想定しましょう。聞きたいことは「あなたの業務上の問題はなんですか?」です。でも、初めて会った人に、いきなり「業務上の問題はなんですか?」と聞かれても答える気はしませんよね。

第3章の「要求を引き出す」でも触れましたが、相手に「情報を渡す義務」はありません。相手を「情報を引き出す」相手だと思っていると、相手は警戒します。「なんで、あなたにそんなこと聞かれないといけないのか」と思うのは当然です。

上司と部下の関係でも同じです。「なんとか部下にしゃべらせよう」「なんとか部下を動かしてやろう」とするのはNGです。それは相手をコントロールしようとしているからです。人は誰しも、他人にコントロールされたいとは思いません。自分の意思で動きたい。背中を押してほしいと思うことはあっても、背中を突き飛ばしてほしいと思う人はいません。

コーチやウンセラーをしている人でも「なんだか信用できない」「この人には話したくない」と感じさせる人がいます。上司でも、「口がうまくて、態度も柔らかいんだけど、信用ならない」と感じさせる人がいますよ。なぜ、そう感じるのかというと、「この人は、自分をコントロールしようとしているんじゃないか」と、センサーが働くからです。

コーチでも、カウンセラーでも、上司でも、コントロールすべきは相手ではなく自分です。「質問しているうちに、自分語りしないように自分をコントロールする」「アドバイスしそうになる自分を、問いかけるようにコントロールする」のであって、相手が自分の思うように、答えるようにコントロールしようとしてはいけません。

大切なことは、相手を「情報を引き出す対象」「自分の思うように動かす対象」として扱うのではなく、1人の生身の人間として関心を持つことです。言い換えれば、相手を自分の上でも下でもない、対等な1人の人間として向き合うことです。

部下が行き詰まっているとき、迷っているとき、助けてと言えないとき、上司が1人の人間として向き合ってくれたら、どんなに心が楽になるかわかりません。みなさんには、相手をコントロールするのではなく、1人の人間として向き合ってほしいと思います。

図4-8 具体的な質問から始める

- いきなり抽象的な質問をしても答えにくい
- 具体的な質問で会話を温めてから、抽象的な質問をする

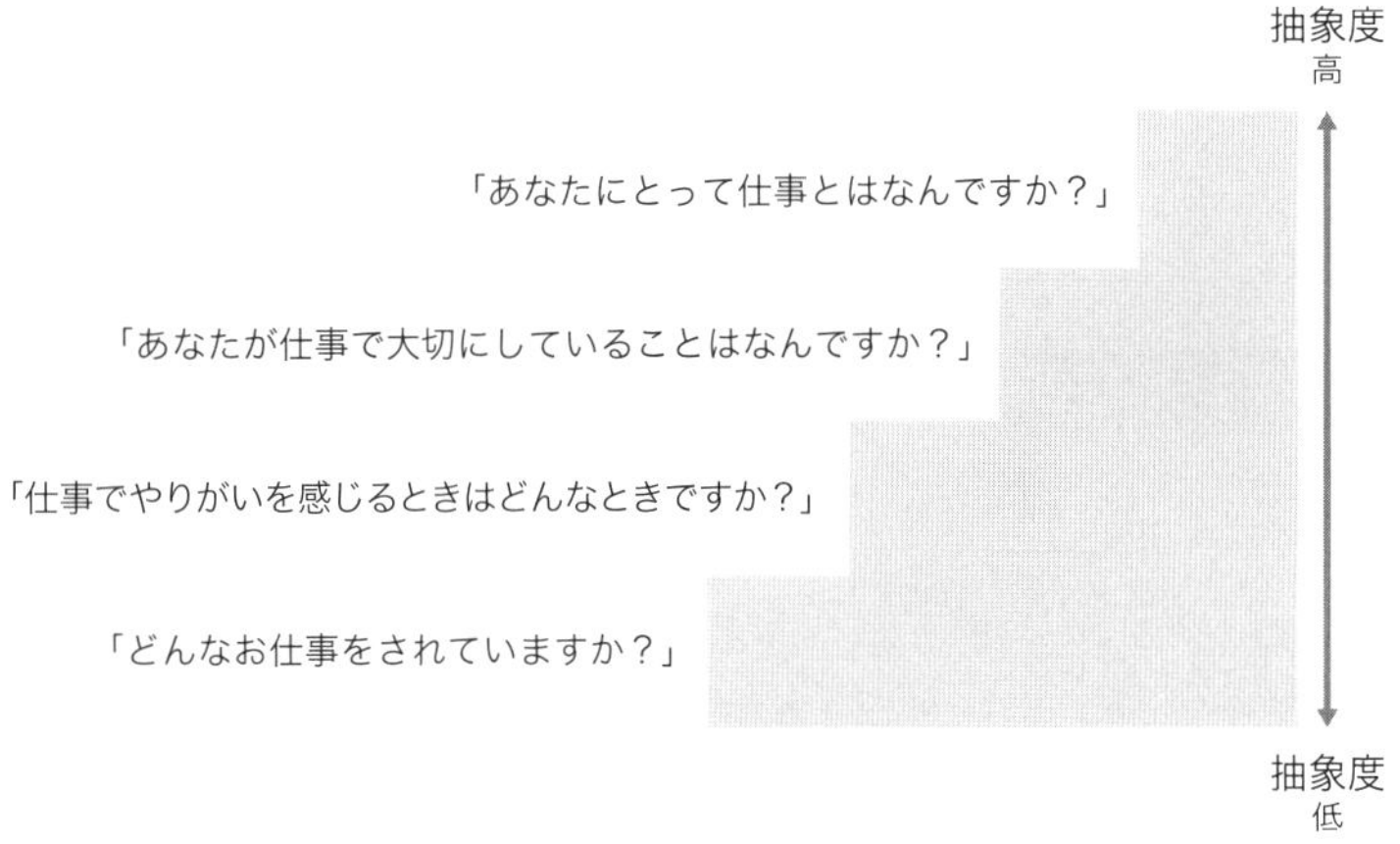
抽象度
高
「あなたにとって仕事とはなんですか？」
「あなたが仕事で大切にしていることはなんですか？」
「仕事でやりがいを感じるときはどんなときですか？」
「どんなお仕事をされていますか？」
抽象度
低

具体的な質問から始める

また、できるだけ具体的な質問から始めるようにしましょう（**図4-8**）。なぜかというと、抽象的な質問は答えにくいからです。例えば、会話の初めに「あなたにとって、仕事とは何ですか？」と聞かれたら面喰らいますよね。でも、こんなふうに聞かれたらどうですか。（以下、S：筆者、A：会話の相手）

S：「Aさん、お仕事は何をされているんですか？」

A：「営業マンです」

S：「へー、何の営業を?」

A：「クルマを売っています」

S：「そうなんですね。お仕事をされていて、『あー、楽しいなぁ』とか『あー、うれしいなぁ』って感じるのはどんなときですか?」

A：「そうですねぇ、やっぱりクルマを納品したときのご家族のうれしそうな顔を見ることですね。お子さんが『ねぇ、お父さん、クルマでどっか行こうよ』とかね。そういったシーンを見ると、うれしくなりますね」

S：「ステキなお仕事ですね。クルマって家族の象徴みたいなところありますもんね」

A：「そうなんです。私も子どものころ、家に初めてクルマが納品されたとき、ワクワクしたんです。それでクルマが好きになって、いまこうして営業マンをしてるんです」

S：「なるほど、わかるような気がします。そんなAさんがお仕事で大切にされていることってなんですか?」

A：「大切にしていることですか…。やっぱり、コミュニケーションですね。買っていただくだけでなく、買っていただいてからも、ずっとお客様とつながっていたい。だから、売りっぱなしではなくて、買っていただいたあともできるだけコミュニケーションを取るようにしています」
S：「なるほど、そんな営業マンの人からクルマを買えたら、お客様もうれしいでしょうね」
A：「そうだとうれしいです」
S：「きっとお客様はそう感じてらっしゃると思います。Aさんにとって営業マンというお仕事はどんな意味を持つのでしょうか？」
A：「ワクワクを届ける仕事です」
S：「いいですね。ワクワクを届ける仕事。かっこいいですね」

自然な会話ですよね。あまり引っかかりを感じない会話になっています。なぜ、引っかかりなく、スムーズに会話が進んでいるかというと、具体的な質問をして、徐々に抽象度を上げているからです。

「お仕事は何をされていますか？」
「仕事でやりがいを感じるときはどんなときですか？」

「あなたが仕事で大切にしていることはなんですか？」
「あなたにとって仕事とはなんですか？」

このように、まず具体的な質問をして、徐々に抽象度が上がっています。これが逆だとどうでしょう？

「あなたにとって仕事とはなんですか？」
「あなたが仕事で大切にしていることはなんですか？」
「仕事でやりがいを感じるときはどんなときですか？」
「で、お仕事は何をされていますか？」

これだと答えにくくてしょうがないですね。

具体的な質問をすれば、相手は答えやすいし、話をすることで会話が温まってくる。具体的な質問をすることで、「私はあなたに関心がありますよ」と意思表示をすることにな

図4-9 質問のコツ

- 直接、問題解決をしない
- 問題解決のアプローチを一緒に考える
- 継続的なプロセスの中で働きかける
- 具体的な質問から始める
- ５Ｗ１Ｈで質問する
- 相手が話し終えてから質問する
- 相手を生身の人間として尊重する

ります。相手とのラポール、心の架け橋を築くことができるのです。開口一番「あなたの仕事の問題はなんですか？」とか聞かないようにしてくださいね。そのほかの「質問のコツ」も図にまとめておきます（**図4-9**）。

セミナーのグループワークを再現

ここからは、本書のベースになったセミナーでの演習を再現してみます。

「現状」と「あるべき姿」、そしてそのギャップをどんな階段を使って埋めていくか。それらを引き出していくのが、今回の演習のテーマです。

相手の問題を解決してはいけません。アドバイスはしちゃいけないですよ。アドバイスをしない演習ですからね。

ワークシート（**図4-10**）を見てください。「相手の世界」と「自分の世界」と書いてあります。僕がよく使う方法ですが、紙の真ん中に線を引きます。相手が話していた中で「これはキーワードだな」と思うものを「相手の世界」に書いていく。相手が話した内容について自分が疑問に思ったこと、あとで質問しようと思ったことを「自分の世界」にメモる。キーワードだけ、走り書きでいいです。きれいに全部書いてたら、ノートを取るみたいになってしまいますからね。

では、実際に隣の人とやってみましょう。時間は3分です。

（相手がいれば、実際にやってみてください）

図4-10

ヒアリングメモ

相手の世界

自分の世界

問いかけのサンプル

はい、3分たちました。実際、やってみてどうですか？　みなさん、既に問いかけの仕方を知っていますね。現状とあるべき姿を聞いて、解決のアプローチを探るんですね。テクニックを知っていても、実際にやってみると難しいものです。こういうときは、実際にサンプルを見たほうがいいですね。一度、サンプルとして僕がやってみましょう。（以下、S：筆者、A：参加者）

S：「お名前を教えていただけますか？」
A：「Aです」
S：「Aさん。よろしくお願いします。お仕事は何をされてるんですか？」
A：「ガバナンスの仕事をしています」
S：「ITのガバナンスですか？」
A：「そうです」
S：「なるほど。社外向けサービスとして提供されているんですか？」
A：「いえ、社内向けです」

S：「社内向けですね。今一番困っていることは何ですか」

A：「やっぱり統制が全然利かないことですね」

S：「統制が利かないというと、例えばどういうことですか」

A：「例えば、ソフトウエアのライセンス管理とか…。私は社内のソフトをすべて管理したいんですけど、勝手に買える環境がある限り、勝手に買って自分で入れてしまう人がいます。そうされると把握できない。いたちごっこですね」

S：「なるほど。勝手に入れる環境ってどうやったら解消できるんですかね」

A：「やはり購入するルートを限定して、それ以外は購入できないというようにしたい」

S：「それができない状況って、何があるのでしょう。なぜできないのでしょうか」

A：「決裁のルートがいくつもあるからです」

S：「なるほど。今後ガバナンスを利かせるために何か方法はあるのですか。決裁ルートとか、勝手に入れる状況を変える方法とか」

A：「1つはもう少しパソコンの設定を厳しくして、勝手にインストールできないようにする方法です。それが一番簡単だと思うのですが、そうするとトレードオフで、管理を厳しくすると利便性が下がってしまいます」

S：「それができるようにして、インストールが管理できるようにすると、その先はどういう状況があるべき姿ですか」

A：「やはり監査が来たときに、しっかりと会社として証明ができることですね」

S：「いきなりそこには行けないんですね」

A：「はい」

S：「監査があって証明ができるという状況にいくまでには何ステップあるんですか」

A：「まず、先ほど言いましたように基本を押さえる。押さえて、あとはガバナンスを利かせるために、教育を徹底していく。これはもう地道にやっていくしかないので」

S：「決裁ルート、教育の徹底、監査のためのエビデンスの整備、というステップがあるわけですね。まずどこから手をつけますか？」

A：「やっぱり今は仕組みで押さえたいので、ある程度仕組みを入れて自動的に違反した人がわかるようにしたい。ソフトウエアの導入を考えたいですね」

S：「なるほど、それがファーストステップですね」

こんな感じです。実際、質問されるほうとしてはどんな感想を持ちましたか？

――すっごく話しやすかったです。スイスイ答えが出てくる。

ほかの人は見ていてどうでしたか？

――見てると簡単そうだけど～（笑）実際、やるとなると難しい。

そうですね。やはり、練習、慣れが必要です。でも、やっていることはシンプルです。質問しかしていません。「困っていることは？」「あるべき姿は？」「そこに至るまでのステップは？」「じゃあ、どこから手をつけますか？」。これだけしか聞いていません。

質問しながら地図を作る

――きちんと質問の順序というか、大項目から中、小に来て、また別の大項目を作り、その中で本来あるべき姿と、何を最初に手をつけるべきかというところに話を持っていってますね質問しながら、自分の中で設計図を作ります。先ほどの「現状」「あるべき姿」「課題」の絵を思い描きながら質問します。「ガバナンスが利いてない」というのはかなり大きな話で、そこから「あるべき姿は？」と聞いても、「ガバナンスが利いた状態」としか出てきません。だから、もう少し具体的に掘り下げるように「具体的に、どんなことが困ってますか？」と聞く。すると、「勝手に買って、勝手にインストールできる状況」と出てくる。そこで「目の前の問題を解消するには、どうしたらいいですか？」と聞きました。これは最初の階段ですね。

次に「その先にあるべき姿って何ですか」と聞くと、「監査が来たときに、しっかりと会社として証明ができる」という「あるべき姿」が出てきた。これは最初の階段からは数段上登った状態を指しているなと考えたわけです。そこで次に「そこに至るまでの中間ステップは？」と聞いたわけです。

頭の中で地図を描きながら質問する。そうすると、整理しながら質問することができます。大切なのは、「いま自分が何を聞こうとしているのか？」に意識的になることです。「現状」を聞こうとしているのか、「あるべき姿」を聞こうとしているのか、階段、アプローチを引き出そうとしているのか、ですね。

――いっぱいメモっていらっしゃいましたけど、私はそんなに書けませんでした。

キーワードだけ書いています。「ガバナンス」「インストール」「ルート」「監査」「教育」などですね。自分の世界には現状とあるべき姿、そして階段といった絵が描いてあります。人に見せるものでもなく、記録を残したいわけでもないので、きれいに書かなくていい。あくまでも記憶のフックを作るためのメモです。後で使うかどうかわからないけれど、使うかもしれないなと思ったらメモしておく。走り書きで構いません。相手の話を聞きながら「これ、聞きたいな」と思ったこともメモっておく。そうすると相手の話をゆっくり聞けますね。

これはちょっとしたコツというか、工夫ですが、筆記具も意外に大事です。できるだけ滑りのよいペンと、ペンと相性のいい紙を使う。相手はゆっくり話してくれるわけではありませんから、一瞬一瞬が勝負です。僕はローラーボール（水性ボールペン）を使っています。油性のボールペンだとどうしてもスピードには欠ける。速記には向かないからです。紙はトモエリバーというのを好んで使っています。滑りがよくて、薄いのに裏抜けしにくい。コミュニケーションの質が仕事の質に直結しますから、道具も多少工夫するといいですね。

第5章　問いかけで「議論」を深める

5－1. 良い議論とは？

さて、最後のパートは「問いかけで議論を深める」です。昔は「議論なんてしなくていい。まずは行動だ」という人が多かったのですが、最近は「議論するのはいいことだ」と考える人が増えました。それは、これまでの延長線上でビジネスが成立しなくなったからです。昔は、会社や上司がいう通りに行動すれば結果が出ました。むしろ、考えること・議論することはムダで、「そんなヒマがあるならさっさとやれ」と言われることが多かったのです。

でも、市場が目まぐるしく変化し、昨日までと同じことをしていたら勝てない、お客様の支持を得られない時代です。そのような不確実性の高い時代では、上司に指示を仰いで言われた通りに動いても、成果が出るとは限りません。市場の変化に合わせて、企業も常に変化し続けなければならないのです。

すると、どうしてもプロジェクト型の仕事が増えてきます。ゴールを設定して企画・構想・設計・開発を進める。そのサイクルを短くしてスピーディーに進めないといけません。これまでのように何でもかんでも上司にお伺いを立てるのではなく、各階層で考えて判断しないとスピードが出ません。

プロジェクトとは「やったことがないことへの挑戦」です。日々問題が発生します。当然、議論するシーンも増えます。議論しながら方向性を定め、その方向性に沿ってどのような行動を取るべきなのかを議論の中で考える必要があります。

議論できない先人たち

しかし、これまで日本の経済を引っ張ってきた、企業の上層部にいる人たちは、「議論」に慣れていません。なぜなら、上層部にいる多くの人は、若いころは上の言う通りに動いており、議論しながら物事を進めていくやり方に慣れていないからです。議論の作法を知らないんですね。

以前、ある会合に参加してびっくりしたことがありました。さまざまな企業から、その分野のプロフェッショナルといわれる人たちが集まる会合で、僕もその末席に名を連ねさせてもらいました。すごいメンバーの集まりだから、さぞかしおもしろい会合になるだろうと思ったら、まったく違っていました。

定期的に会合が開かれたのですが、その内容は、各分科会で検討してきたことを報告するだけ。未解決の問題があっても「引き続き、検討をお願いします」と言うだけで、方向性も何も決まらない。意見が割れても議論することなく、「議長権限でこれにします」と決めてしまう。「上で決めて、やらせる」というスタイルでしか仕事をしてきたことがないので、議論ができないわけです。

会社の中の議論ならまだわかります。ポジションパワーがありますから。でも、プロフェッショナル同士が集まっていて、上下関係もないわけです。それなのに「議長権限」とか言い出す始末です。そんな進め方でうまくいくわけがない。何の問題解決もしないで、みんなが検討してきたことにイエス・ノーを言うだけなら、そんなリーダーは必要ありません。

議論ができなければ、問題解決もできません。報告するだけで長い時間をかけ、揚げ句に「では、次回までに各自検討して、案を持ち寄りましょう」って、この時間は何なんだと思いますよね。

いまの日本の縮図を見ているような気がしましたね。年長者が過去の実績、栄光を笠に着て、問題が解決されるのを阻んでいる。「君は若輩だから知らないだろうけど、私は偉いんだよ。だから、言うことを聞きなさい」と言わんばかりです。

もちろん、年長者には敬意を払うべきです。いまの日本は、年長者のみなさんが必死に成果を上げてきた過去の上に成り立っています。しかし、敬意を払うことと、ビジネスで配慮することは別です。ビジネスはどこまでいっても「機能するか、しないか」です。顧客には「彼は昔すごかったんです」なんて関係ありません。だから、敬意を払いながらも、是々非々で議論しないといけません。

少し話が逸れてしまいましたね。ここで「よい議論とはどういうものか?」について考えてみましょう。

良い議論とは

議論をするということは、「問いを相手に投げる」「問いに答える」のやり取りを繰り返すことです。第1章で「良い質問は、良い思考を促す」と言いました。「問い」には、思考を促す効用があります。問いかけをすることで、相手の思考を促すことができます。良い議論は「問いを立てて、答える」というキャッチボールができるわけです。キャッチボールをすることで、お互いに思考が深まる。これが良い議論の条件の1つです(**図5-1**)。

また、議論は1人ではできません。2人以上いないとできません。1人ではなく、なぜ複数人で議論するのか。それは、それぞれが違った経験、知識、価値観を持っているからです。だから、議論をすることで「視点を増やす」ことができます。「なるほど、そういう見方もあるんだ」と気づきを得るわけです。

図5-1　良い議論の条件

1. 思考が深まる
2. 視点が増える
3. 腹落ち感が得られる

コミットメントを引き出し、行動を促す

自分ではさまざまな観点で検討したつもりでも、人の意見を聞くと「それは気づかなかったなぁ」ってことはよくありますよね。1人だと限界があります。だから、さまざまな視点を持ち寄って、物事を多面的に見ます。そうすることで、問題が解決しやすくなるのです。なので、自分と違う意見であっても、「そういう考え方もあるんだね」というスタンスで臨むことが大切です。

もう1つ、良い議論の条件は、終わったあとに「腹落ち感」があることです。自分ではもやもやしていて、どう表現すればいいかわからなかった、どう考えればいいのかがわからなかった。でも、議論することで「そうそう！

そういうこと！」「なるほど、そうすればうまくいきそうだね！」と思える。言い換えれば、「引き出された感」があるってことです。

質問がうまい人と話をしていると気持ちがいいとよく言いますね。質問がうまい人と話すとすごく楽しいんです。先ほど、カフェチェーンのマネジャーの「自分語り」について話しましたが、自分がしゃべって気持ちがよくなっちゃだめです。相手に問いかけ、相手が話すことで引き出された感を相手が持ってくれるというのが理想です。

「思考が深まる」「視点が増える」「腹落ち感が得られる」。この3つの条件を満たされると、参加者はモチベーションが高まり、行動したくなります。良い議論はコミットメントを引き出すんですね。そればかりでなく、場を共有した全員の知恵を高める働きを持ちます。

こういった「良い議論」の場を作ること。それがファシリテーターの役割であり、ファシリテーションのゴールです。

共通認識を確立する

プロジェクトや仕事を円滑に進めるために何よりも重要なことは、共通認識を「確立」し、それを「維持」することです。共通認識というのは、物事に対して同じ認識、同じ理解をすることです。同じ意見である必要はありません。

ゴール、進め方、問題、その解決策、それぞれのテーマに対して、全員がこういう見方もある、ああいう見方もあると議論しながら、理解を深めていく。そして、議論の結果を同じように「理解している」という状態をいかに作るが大事です。この共通認識がなければ「そんなこと聞いてない」「自分はそうは思っていなかった」「そんなつもりではなかった」という話になってしまって、プロジェクトは頓挫してしまいます。

また、一度共通認識ができたと思っても、プロジェクトを進めるうちに、どうしてもズレが生じてきます。だから、コミュニケーションを取って、そのズレを修正していく努力をし続ける必要があります。だから、共通認識の「確立」と「維持」なんです。この共通認識の確立と維持に、ファシリテーターは大きな役割を担います。

5－2．ファシリテーションのプロセス

ファシリテーターは良い議論の場を作って、問題を解決し、メンバーの共通認識を確立するように働きかけます。働きかけは、あてずっぽうではできません。プロセスが必要です。良い議論を形成できるファシリテーターは、必ずプロセスを踏んでいます（**図5-2**）。

ファシリテーションのプロセス
プロセス①ゴールの設定
プロセス②問いを立てる
プロセス③議論のプロセスを設計する
プロセス④発言を咀嚼、整理し、見える化する
プロセス⑤結論を共有する

ここからは、ファシリテーションのプロセス①～④について順番に説明します。

図5-2 ファシリテーションのプロセス

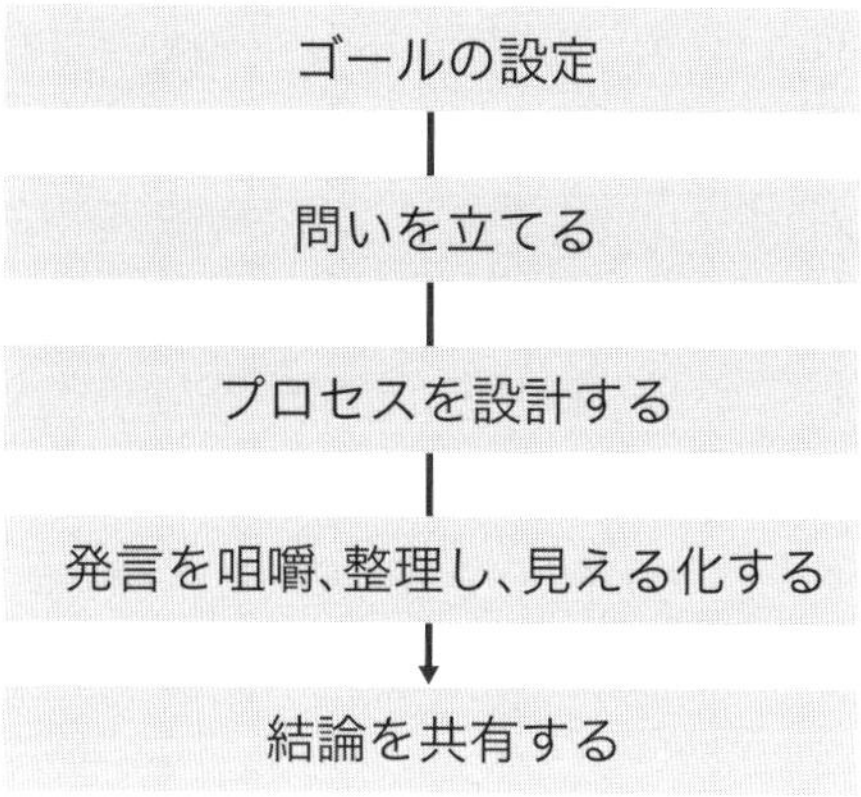

プロセス①ゴールの設定

まず、問いを立てます。イシューですね。自分たちはこの議論によって何を得ようとしているのかを明確にするわけです。


「今日のゴールはどこでしょうか?」

「今日、解決しなければいけない問題はなんですか?」

「この議論は、何に対して答えが出たとき終わったと言えるでしょうか?」

「この議論が終わった時、何について共通認識を確立したいですか?」

ファシリテーターはこのように問いかけて、ゴールイメージを共有するところから始めます。このときに使えるのが「イグジット・クライテリア（Exit Criteria、完了基準）」の考え方です。

イグジット・クライテリアとは、プロジェクトマネジメントでよく使われる言葉で、フェーズ、ステージ、プロセスといったプロジェクトの中の各段階が、どういう状態になれば完了したと言えるのかという基準です。

1992年にNASAが発行した『Recommended Approach to Software Development』というソフトウエア開発のガイドには、「THE REQUIREMENTS ANALYSIS PHASE（要求分析フェーズ）」のイグジット・クライテリアとして、次のように書いています。

・要求分析レポートが完成していること
・ソフトウエア仕様のレビューが完了していること
・すべてのレビュー項目が解決されていること

――『Recommended Approach to Software Development』より

この3つの基準を満たしたら「要求分析フェーズは完了した」と言えるわけです。

同じように議論のゴールとは、「イグジット・クライテリアが満たされている状態になること」です。例えば、プロジェクトが遅延していて、このままだと納期に間に合わない事態が発生したとしましょう。今後の対応方針を議論するとしたら、ゴールは「プロジェクトリカバリー対策が決まっている」ですね。では、「対策が決まっている」とは、どのような状態を指すかを基準として設定します。

- プロジェクト遅延の原因が特定できている
- 遅延を最小化できるアクションが決まっている
- それぞれのアクションの担当者が割り当てられている
- フォローの体制が決まっている
- 顧客への報告内容が決まっている

図5-3 問い（論点）を設定する

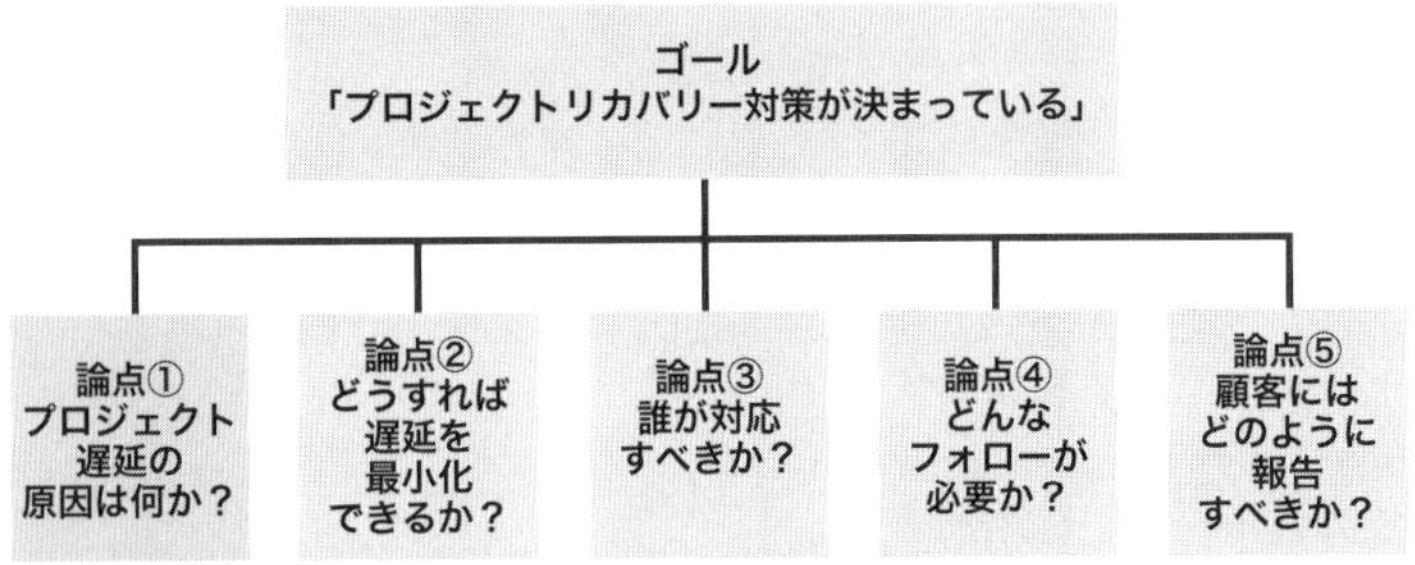

このようにイグジット・クライテリアを考えることができます。イグジット・クライテリアが決まると、次の「問いを立てる」の論点も決めやすくなります。

プロセス②問いを立てる

ここでいう「問い」とは論点のことです。言い換えれば「何に答えを出すか」です。先ほどの例であれば、次のようになります（**図5-3**）。

- ・プロジェクト遅延の原因は何か？
- ・どうすれば遅延を最小化できるか？
- ・誰が対応すべきか？
- ・どんなフォローが必要か？

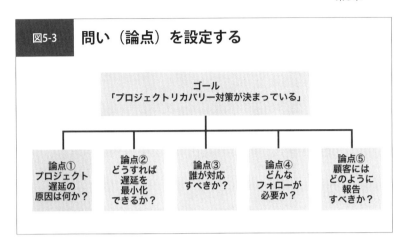

図5-4 議論のプロセスを設計する

1.	2.	3.	4.	5.	6.	7.
事実の収集	なぜなぜ分析	要因の選択	リカバリーと再発防止策の立案	実行計画	フォロー体制の決定	報告内容のまとめ

・顧客にはどのように報告すべきか？

これらが論点です。先ほどのイグジット・クライテリアがほぼそのまま論点になっていることがわかると思います。

プロセス③議論のプロセスを設計する

論点が定まれば、それらの論点について、どのようなプロセスで議論するかを設計します（**図5-4**）。

（1）事実を時系列で集める
（2）なぜなぜ分析で因果関係を明らかにする
（3）どの要因に働きかけるかを選択する
（4）リカバリー策と再発防止策を考える
（5）実行計画を立てる

（6）フォロー体制を決定する
（7）報告内容をまとめる

このステップで議論すればいいです。これが議論のプロセスです。

フレームワークを活用する

議論の設計のときに役に立つのが各種のフレームワークです。先に「問題の構造」に触れました。「現状(As Is)―あるべき姿(To Be)―問題―課題」という構造でしたね。これも一種のフレームワークです。

問題解決のゴールは「問題の解決策が立案され、実行体制が決まっていること」ですね。論点はこのように設定できます。

ゴール「問題の解決策が立案され、実行体制が決まっていること」
論点1　現状はどうなっているか？（As Is）

論点2　あるべき姿はどのようなものか？（To Be）
論点3　ギャップは何か？（問題）
論点4　ギャップをどのように埋めるか？（課題）
論点5　いつまでに、どれくらいのギャップを埋めるか？

すると、議論のプロセスも次のように設計できます。

（1）事実を集める（As Is）
（2）あるべき姿を描く（To Be）
（3）解決すべきギャップ（＝テーマ）を抽出する（問題）
（4）テーマに対するアプローチを考える（課題）
（5）アプローチに沿ったプロセスを設計する
（6）プロセスをスケジュール化する
（7）推進体制を組み立てる

まず、「As Is」を話しましょうということですね。そのためには事実を集める必要があります。プロジェクト遅延などプロセスに関する問題であれば、プロセス別、時系列に事実を集める。売上であれば、商品別、地域別、もしくは担当者別などに分けて事実を集めます。

「As Is」の議論をしているとき、「To Be」の話が出てくることはよくあります。そのときは「なるほど、たしかにあるべき姿はそうですね。でも、いまはまず『現状』について議論しましょう。いまの意見は書き留めておきます」と整理しながら議論するようにします。

その次には、「あるべき姿ってこうだよね」と「To Be」について議論します。「できるか、できないかは置いといて、あるべき姿はどんなものなのかを議論しましょう」「自分がいままできていないことは棚に上げておいていいです」というと、議論はスムーズに進むことが多いです。

次はテーマの抽出です。「じゃあ、あるべき姿を実現するには、どんなテーマがありますか?」と問いかけます。テーマとは「ある取り組みにおいて解消されるギャップ」です。テーマと課題は裏返しの関係にあります。例えば、次のような感じです。

■現状
・プロジェクトの成功率が30%である
・組織としてプロジェクトのマネジメントができていない

■あるべき姿
・プロジェクトの成功率80%
・組織としてプロジェクトのQCDを担保できる

■テーマ
・属人的な進め方から脱却し、組織としてQCDを担保する
・プロジェクトリーダーのマネジメントスキル不足の克服

・プロジェクトリーダー任せ、組織としての関与不足の改善

■課題
・標準プロセスの整備
・プロジェクトマネジャーの教育
・プロジェクトガバナンスの構築

「現状」と「あるべき姿」が明確になれば、あるべき姿に近づくために埋めなければならないギャップ（＝テーマ）が見えてきます。そのギャップを埋めるためのアプローチが課題です。テーマと課題が裏返しの関係にあることがわかりますね。

テーマが見えれば、「どう進めるのか」を決める。プロセス設計ですね。この例の場合、一気に改善することは難しいから、まずプロジェクトリーダーの教育から始め、並行してプロジェクトマネジメントの標準プロセスを整備しよう、と考える。あとは、いつまでに、何をやるのかを決めて、どのように進捗をモニタリングするのかを決めます。

これは「現状(As Is)―あるべき姿(To Be)―問題―課題」というフレームワークを基に、議論を設計しているわけです。ほかにもフレームワークはたくさんあります。「SWOT」「3C」「5フォース」「マーケティングの4P」などが有名です。どのフレームワークも万能ではありません。それぞれのフレームワークが機能するコンテクスト(文脈)がありますので、自分たちは何を議論しようとしているのかを考え、適切なフレームワークを選択することが大切です。

プロセス④発言を咀嚼、整理し、見える化する

論点を設定して、議論のプロセスが設計できたら、いよいよ本格的な議論が始まります。議論が始まるとこんなことがよく起こります。

・いつのまにか論点がズレる
・表現が曖昧で何が言いたいのかわからない
・表現にノイズが多くて、何が言いたいのかがわからない

図5-5 **共通認識が得られない理由**

- 同じ言葉を使っていても、違う意味で使っている
- すべての考えが表現されるわけではない
- 考えが整理されているわけではない

▼

咀嚼・整理して、見える化する

・何を質問されているのかわからない
・同じ言葉を使っていても、別の話をしている

これは第3章でも触れたように「言葉の壁」「抽象度の壁」「意識の壁」があるからです。同じ言葉を使っていても意味が違っていて、考えが整理されていなければ、議論しても共通認識を確立することはできません（**図5-5**）。

ここでファシリテーターは議論の交通整理をしないといけません。具体的には、発言を咀嚼・整理し、見える化します。このとき、ファシリテーターには主に4つの機能があります（**図5-6**）。

機能（1）論点を維持する

図5-6　ファシリテーター 4つの機能

1. 論点を維持する
2. 言いたいことをひと言でまとめる
3. 曖昧な表現を具体化する
4. 議論を図式化して、空中戦を避ける

機能（2）言いたいことをひと言でまとめる
機能（3）曖昧な表現を具体化する
機能（4）議論を図式化して、空中戦を避ける

ファシリテーターの機能（1）論点を維持する

議論を進めていくうちに、論点がズレることはよくあります。その場合、「いま、何の話をしていますか？」「いまは○○の話なので、戻りましょう」と論点を維持しないといけません。

■論点を維持する①

参加者A：このままだと売上目標に500万円届かない見込みです。

参加者B：そもそも行動量が足りてないいんじゃないの？

参加者C：売ろうって気がないんだよね。
ファシリテーター：なるほど、そういうことも考えられますね。ただ、いまは「現状」の確認なので、原因はあとで議論しましょう。

■論点を維持する②

参加者A：今回はこのようなアプローチで臨もうと思います。
参加者B：そういえば、俺も昔同じようなことがあったよ…
（少し泳がして）
ファシリテーター：そういうことがあったんですね。で、このアプローチで異存はないですか？

■論点を維持する③

ファシリテーター：きょうのゴールは何でしょうか？
参加者：今日はまずAについて議論し、そのあとBについて議論し…
ファシリテーター：アジェンダではなく、ゴールイメージを共有しましょう。

ファシリテーターの機能（2）言いたいことをひと言でまとめる

間違ってはいないけれど、表現が冗長だと、議論がテンポよく進みません。そこで、ファシリテーターは発言者が言いたいことを「ひと言」に凝縮することで、議論にリズムを作ります。

■ひと言に凝縮①

参加者：やっぱり、自分が10年後にどうなっていたいのか、そうなるためにはどんな経験が必要なのかがはっきり見えている状態を作ることが必要だよ。
ファシリテーター：キャリアパスが見える状態を作りたいということですか？
参加者：そうそう、キャリアパス
ファシリテーター：では、キャリアパスをどのような形で見せるべきかについて議論しましょう。

■ひと言に凝縮②

参加者：今回のシステムで実現したいことは、データの間違いをなくしたいことと、情報がすぐに反映されるようにしたいことです。

ファシリテーター：なるほど、正確性なデータがリアルタイムに反映されるようにしたいんですね。

ひと言に凝縮するとは、要約することです。要約するには「抽象化思考」が必要です。抽象化とは「つまり」でしたね。ファシリテーターは常に頭の中で「相手は『つまり』何がいいたいのか？」を自問しつづける必要があります。この凝縮ができれば、あとで触れる「見える化」でも大きく役に立ちます。

また、一見論点がズレているように見えても、それが重要な問題提起であることもしばしばあります。例えば、会議に呼ばれたのはいいものの、なぜ呼ばれているのかわからない、というような状況です。その場合、発言者の意図をくんであげることも必要です。

■意図を問う①

参加者：いま自分の立ち位置がよくわからなくて…

ファシリテーター：今日はなんと言われてこの場に参加されましたか?

参加者：はい、会議に出ろといわれて来ましたが、自分がどんな役割を担えばいいのかを明確にいわれていなくて…

ファシリテーター：なるほど、では実行の体制、役割分担をまず明確にしましょう。

奥歯にものが挟まったような言い回しをするときは、本当の意図を問いかけてみましょう。議論のゴールは「腹落ち感」「引き出された感」ですから、消化不良はできるだけ解消したいですね。そのためには、ファシリテーターは極端な言い方をして、相手のスタンスを問うこともあります。

■意図を問う②

参加者：みなさんがよければ、私も異存ありません。

ファシリテーター：それは「自分は関係ない」ってことですか?

参加者：いや、そういう意味ではないですが、もう少し違うやり方があるのではないかと。

■意図を問う③

参加者：彼に任せていて、把握できていませんでした。
ファシリテーター：それは「仕方がなかった」ってことですか？
参加者：いや、そういう意味ではなく、状況を把握しづらかったわけがあって。

少しきつい問いかけのように感じるかもしれませんが、僕はよくやります。極端な言い方をして、スタンスを問うような場合です。極端な表現で問いかけることで、意見が出やすくなるケースもあります。もちろん、ただ厳しく問うだけでは相手も責められてるように感じるので、笑顔で言いますが（笑）

ファシリテーターの機能（3）曖昧な表現を具体化する

もやっとした曖昧な表現では、わかったような気になるけれど、実はみんなわかっていないことがあります。例えば、「そもそも、マネジメントが機能していないんだよね」という発言があったとします。なんとなく言いたいことはわかりますが、すごく曖昧ですね。こういうときは「例えば？」と問いかけてみるといいですね。

■具体的に聞く
参加者：そもそも、マネジメントが機能していないんだよね。
ファシリテーター：具体的に気になる点があるのですか？
参加者：この前、プロジェクトの進捗を聞いたら「任せてるから知らない」っていうんだよ。任せるのはいいけど、進捗も知らないのはマネジメントしてないってことでしょ。
ファシリテーター：なるほど、任せっぱなしで放置されているってことですね。

ファシリテーターの機能（4）議論を図式化して、空中戦を避ける

最後が「議論の図式化」、つまり「見える化」です。発言だけのやり取りだとどうして

も「空中戦」になります。議論の基盤となるものがないからです。第3章で「言葉の壁」と「抽象度の壁」について説明しました。「同じ言葉でも、人によってイメージするものが違う」「同じ言葉でも、抽象度が異なれば意味が異なる」ということでした。口頭での発言のやり取りだけだと、この罠にはまりやすい。だから、空中に飛び交っている発言を「見える化」することで、議論の基盤を整備していくわけです。見える化すると、書いてある内容に触発されて、またアイデアが浮かんだり、新しい論点が生まれたりします。論点からズレればその修正もやりやすくなります。

ホワイトボートを使って「見える化」すると、別の効用があります。それはお互いが向かい合って議論するのではなく、ホワイトボードを向く、同じ方向を向いて議論できることによる効用です。同じ方向を向くことで、対決モードにならずに、問題解決に集中できるようになります。これは意外に大きいんです。

あと、議事録係がいらなくなり、全員が議論に参加できます。ホワイトボードの板書は、いわば「みんなで作り上げた成果物」であり、とても生々しいものですから、このホワイトボードを見れば、どんな議論をしたのかがすぐに思い出せます。ホワイトボードの板書を写真に撮れば、議事録はいらないんですね。

ホワイトボードに書いたことをパワーポイントでスライドの資料にする人がいますが、同じように再現しても、まったく別物になってしまいます。それは「生々しさ」が失われるからです。

複数人でやる会議ではなく、2人で面談するときでも「見える化」しながらやると、コミュニケーションが深まります。そのときは、ホワイトボードでなくてもいいです。コピー用紙でもいい。僕はリーガルパッドやレポートパッドをよく使います。クライアントと打ち合わせするときも、議論の内容をリーガルパッドに書（描）いて、打ち合わせが終わったらそれをコピーして共有する。合理的ですね。

5―3．ファシリテーションで使うと便利な図

よく使うのは「12パターン」

僕のコンサルティングは「ファシリテーション型」で、クライアントと一緒に考えて、計画して、実行の支援をするスタイルです。なので、コンサルティング＝ファシリテーションといってもいいくらいです。とすると、年間で軽く1200時間以上はファシリテーションしていることになります。

これまでファシリテーションした板書を分類してみると、板書でよく使う図表はだいたい12パターンだということがわかりました（**図5-7**）。ほかにもいろんなパターンを使ったり、その場で作ったりしますが、登場回数はそんなに多くない。この12パターンが使いこなせれば、たいていのテーマは表現できます。

見た感じ、みなさんにとっても目新しい図表ではないと思います。大切なことは普段から機会を見つけて「使う」ことです。僕はエンジニア時代に、「ノートはすべて図で取る」

図5-7 **板書のパターン**

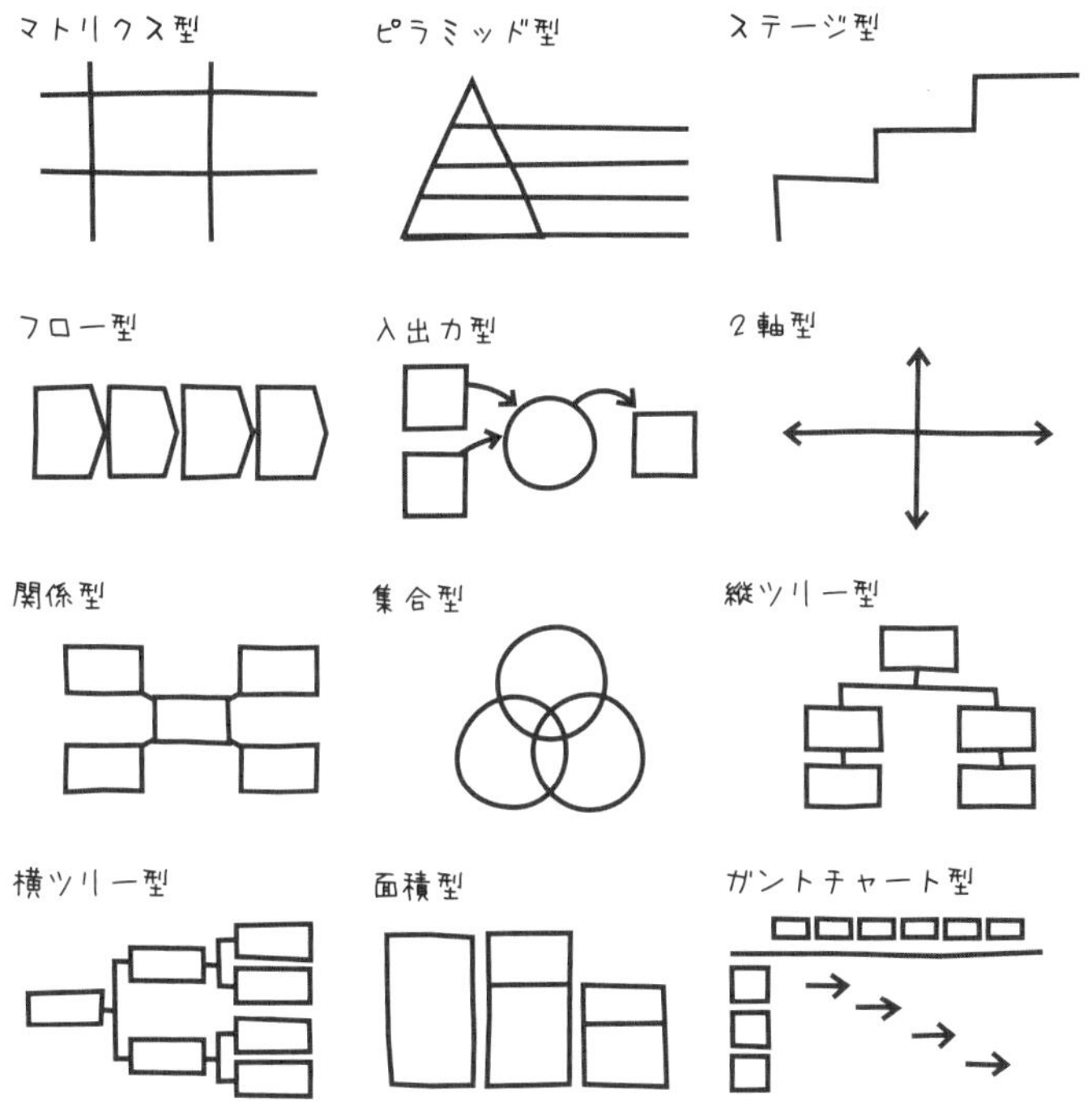
マトリクス型
ピラミッド型
ステージ型
フロー型
入出力型
2軸型
関係型
集合型
縦ツリー型
横ツリー型
面積型
ガントチャート型

ことを自分に課していた時期がありました。エンジニアはもともと図をよく使う職業です。ソフトウエアやプログラムはカタチのないもの、見えないものですから、図で表現しないと理解、整理ができません。だからといって、エンジニアはみな図解に長けているかというとそうでもない。やはり練習が必要です。

あと、エンジニアにはわかる図解でも、技術的な図だとクライアントにはわかりませんし、クラアントとの打ち合わせでは技術的な話ではないほうが多い。ビジネスや業務の話が主ですから、ビジネスの話を図解しながら議論する必要があるわけです。

そこで、どんな議論でも図解できるように、普段から図で記録するように練習しました。参考にしたのは、永田豊志さんという人が書いた『頭がよくなる「図解思考」の技術』（KADOKAWA発行）という本でした。その図解の練習が、コンサルタントになってから非常に役に立っています。

マトリクスで表現する

一番よく使われるのはマトリクス型ですね。2つの軸で整理します。

マトリクスは単純に整理するときによく使います。例えば、学校の時間割なんかがそうですね。縦に時限があって、横に曜日がある。「水曜日の3時限目は『国語』だ」とわかる。仮にマトリクスになっていなくて、「水曜日：3時間目：国語」とリスト形式になっていたら探すのに大変です。マトリクスにすると「パッと見てわかる」「どこを見れば自分の知りたい情報があるかがわかる」という利点があります。

マトリクスはほかにも、「組み合わせで考える」「考える対象を絞る」メリットがあります。例えば、SWOT分析でよく見かけます（**図5-8**）。SWOT分析は、外部と内部の2軸です。外部は「機会（Opportunities）」と「脅威（threats）」に分かれ、内部は「強み（Strength）」と「弱み（Weakness）」に分かれます。

戦略は「一貫性」が大事ですから、バラバラに考えていては戦略になりません。けれど

図5-8 マトリクス型

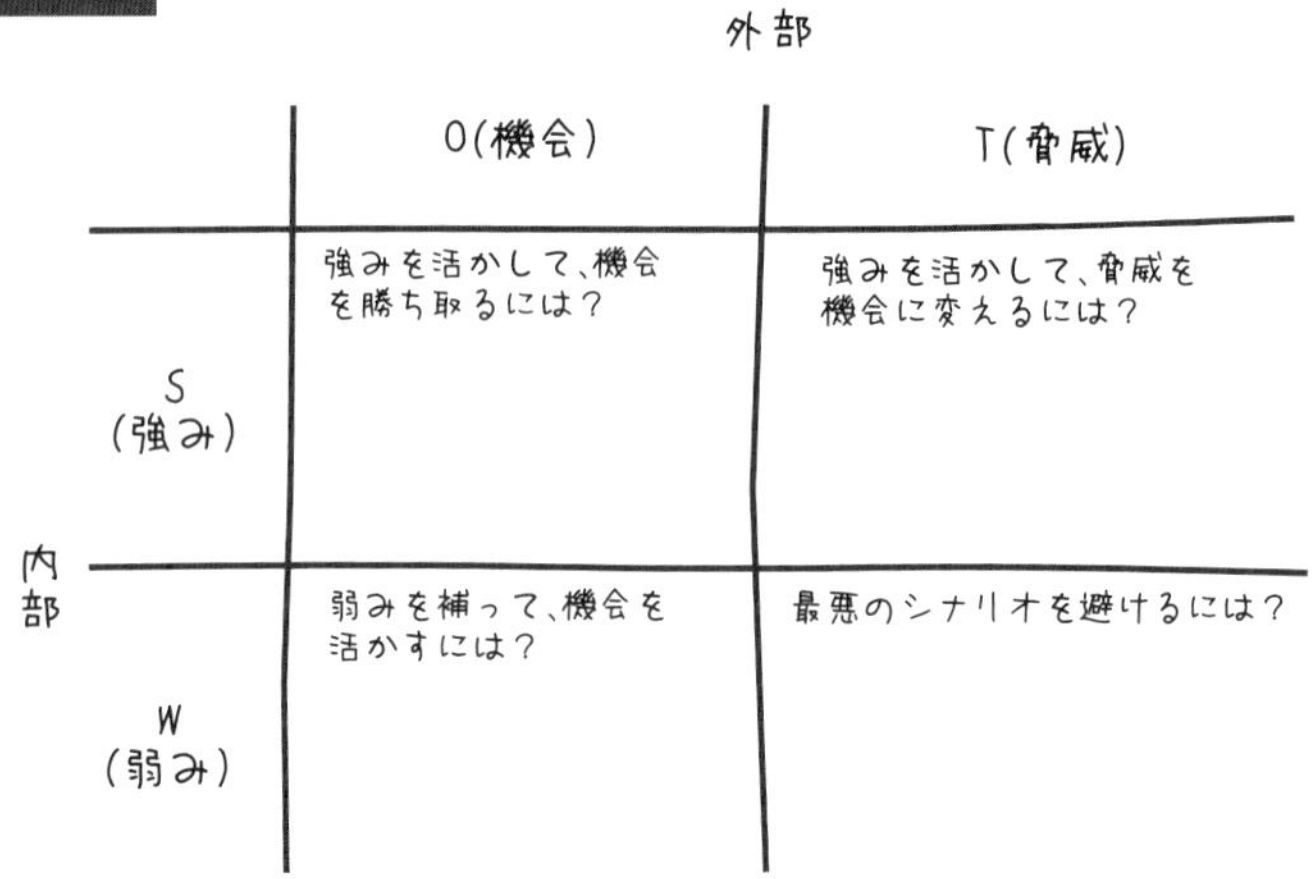

	O(機会)	T(脅威)
S (強み)	強みを活かして、機会を勝ち取るには？	強みを活かして、脅威を機会に変えるには？
W (弱み)	弱みを補って、機会を活かすには？	最悪のシナリオを避けるには？

も、全部を一気に考えると思考が分散しますから、「いまはここを考えましょう」と対象を絞り込むことで、思考をフォーカスできるようになります。

事業環境で「機会(Opportunities)」があるなら、その機会を活かしたいわけです。機会を活かすには、自社の「強み(Strength)」をぶつけるのが一番です。強みを使って、機会をつかみ取るにはどうすればいいかを考える。

逆に、機会を活かすために自社に

図表5-9　ピラミッド型①

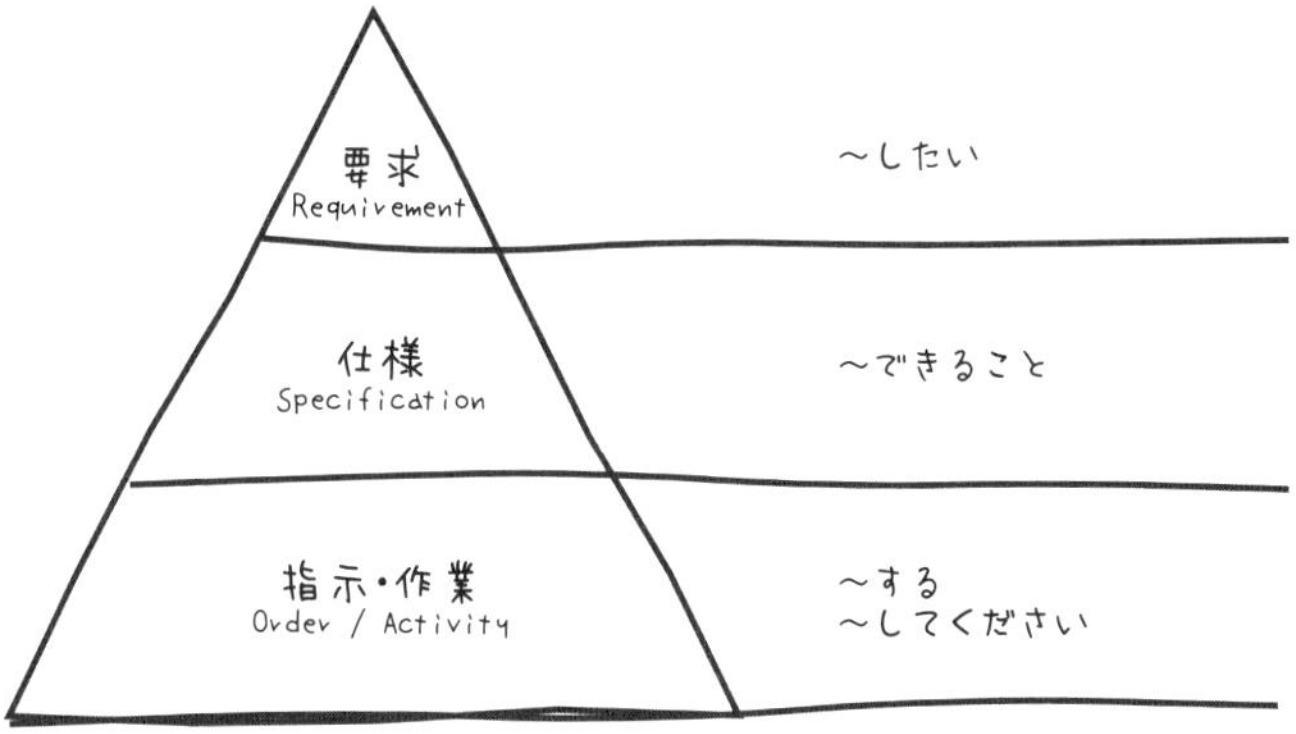

足りないものがあるなら、どうやってその弱みを補って、機会を勝ち取るかを考えるわけです。これらはバラバラに分析しても意味がない。それぞれの組み合わせを考えたときに、自社はどうするべきかを考えないといけない。

マトリクスは「バラバラの情報を整理したい」「組み合わせを考えたい」「整理することで考える対象を絞り込みたい」ときに使えます。

ピラミッドで階層を表現する

階層の概念があるものは、「ピラミッド型」で表現するとわかりやすいです。

図5-10 ピラミッド型②

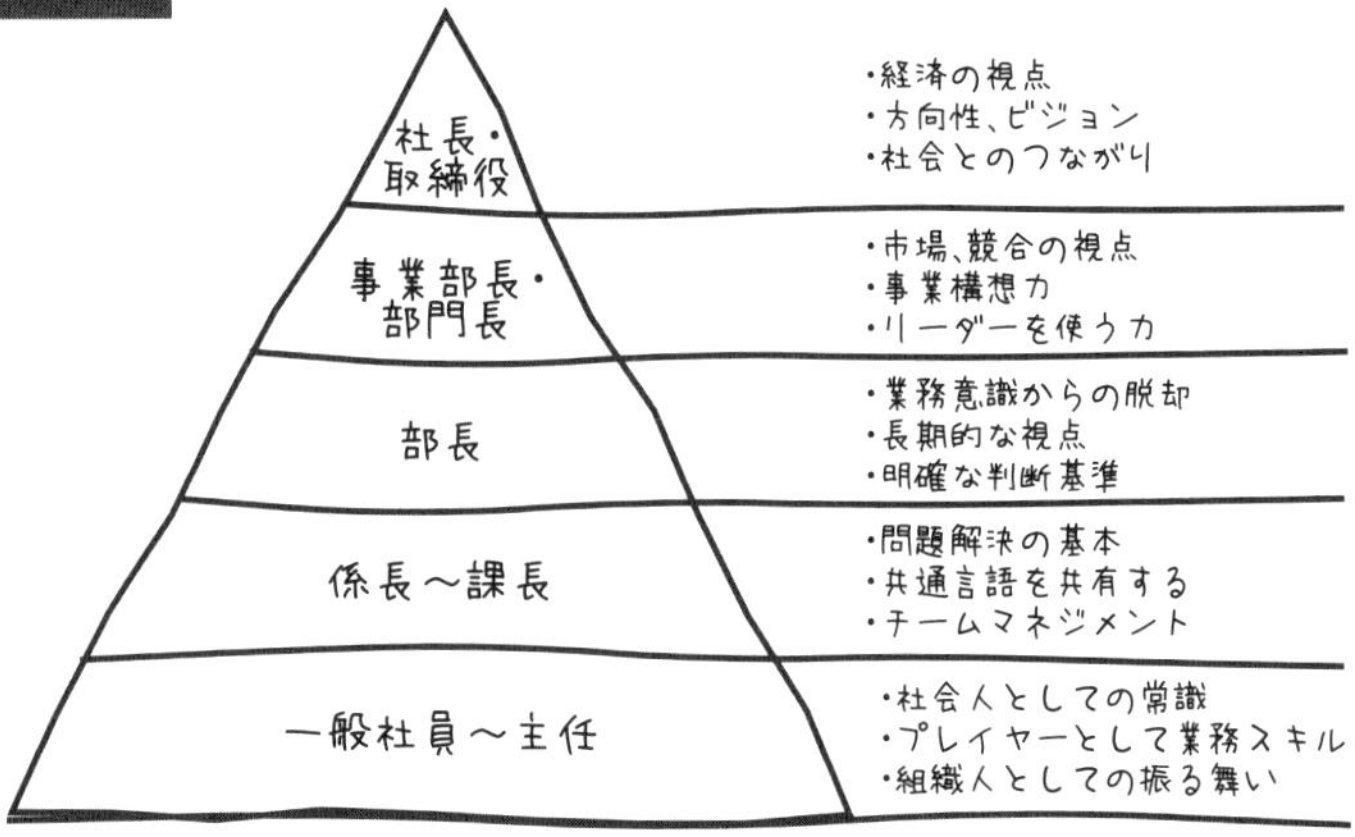

例えば、本書でも「抽象度」の考え方を説明するとき、ピラミッド型で表現していました（**図5-9**）。一番抽象度が高いのが「要求」、要求を実現する手段が「仕様」、仕様を作り込むのが「作業・指示」ですね。これは抽象度を階層として表現しています。

組織の階層もピラミッドでよく表現します（**図5-10**）。一番上が社長、もしくは取締役会です。そして部門長とか事業部長がいて、その下に部長、課長と続いていく。この図はそれぞれの階層で、どんな視点やスキルが求められるかが書いています。それぞれの階

図5-11 ピラミッド型③

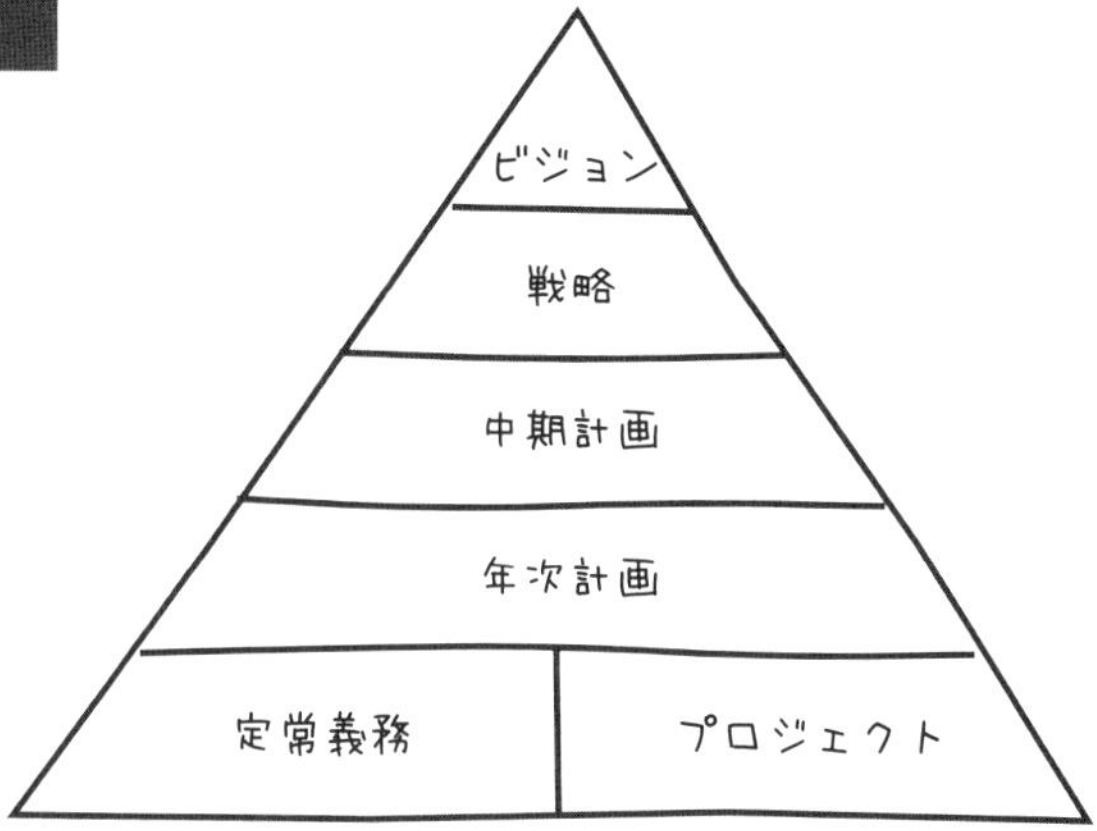

層のあるべき姿がわかりやすくなるわけです。

あとは、戦略策定から実行までのそれぞれの要素を階層で表したのが**図5-11**です。まず、ビジョンがあって、そのビジョンを実現するために自社の方向性を決める。これが戦略ですね。

次に戦略を具体的な計画に落とし込んでいく。3〜5年の中期的な計画を立て、ではこの1年にどこまでやるのかが年次計画。それを定常業務の中でテーマとしてやることもあるし、部門横断でプロジェクトとしてやることもある。これは抽象

図5-12 ステージ型

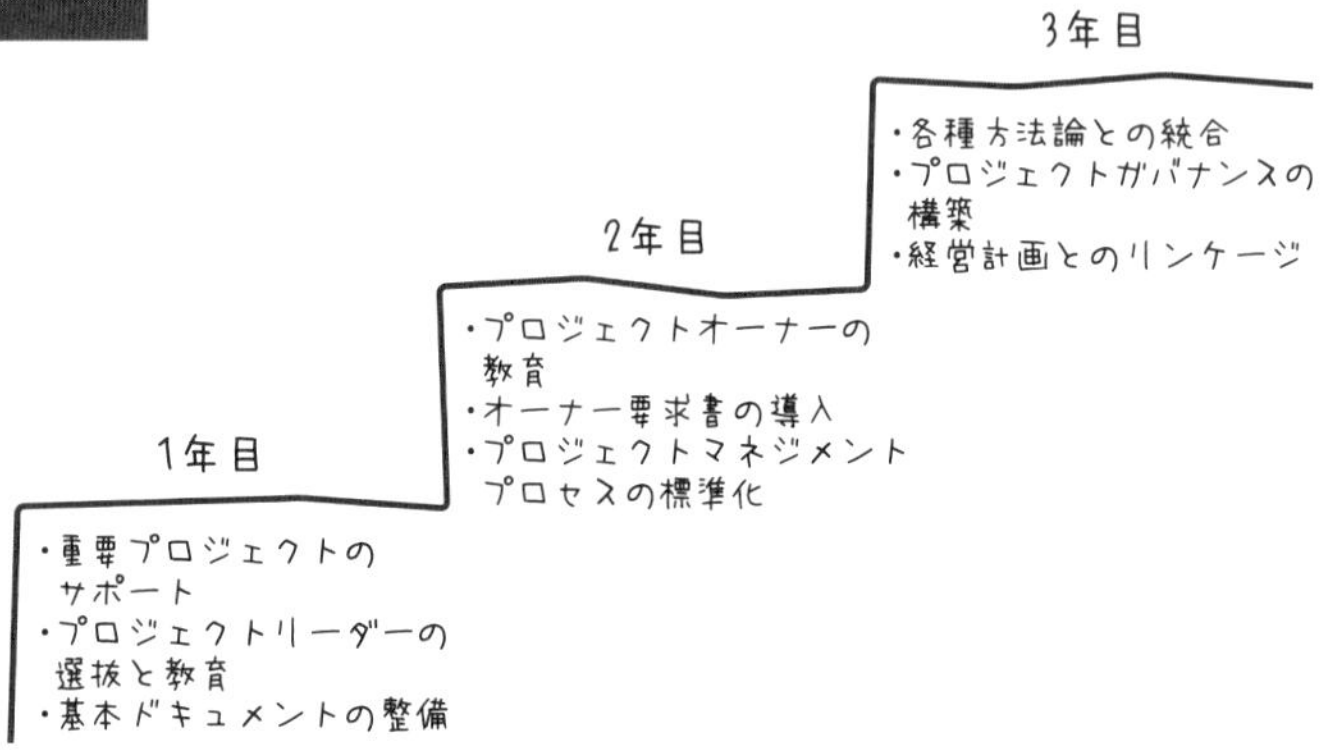

度をいかに下げていくかを表現してるわけです。

議論をしていると、いまどの抽象度で話をしているかがわからなくなることがあります。そこで図にしておくと、「いまここです」と確認することができます。

ステージ型でロードマップを示す

業務改革のような大きな問題解決に取り組もうとすると、ゴールまでに何年もかかることがあります。人は、どうしても細かいことから理解しようとしてしまうもの。でも、大きなテーマを細かいレベルで理解しようとすると、頭が追いつかないんですね。問題解決で大切なのは「全体像から理解する」ことです。

そういったときは「ステージ型」で全体を把握すると効果的です。例えば、組織のプロジェクトマネジメントの成熟度を上げていく3年間のロードマップがこの図です（**図5-12**）。

1年目は「いま困っているプロジェクト」「特に重要度の高いプロジェクト」を直接支援し、その上でプロジェクトリーダーを選抜して集中的に教育する。いきなりプロセスを整備することは難しく、整備したとしても使いこなせないもの。そこで、基本的なドキュメントだけ整備することにします。そして2年目は…といった感じで全体像を表現します。

全体像がないまま個別の対策を羅列しても、理解が追いつかないし、頭が整理されません。全体像が頭にあると「あ、これは1年目の応急処置なんだな」「2年目から組織的な取り組みをするんだな」とわかります。全体像を把握することで、個々の対策の「位置づけ」がわかるようになるのです。

図5-13　フロー型

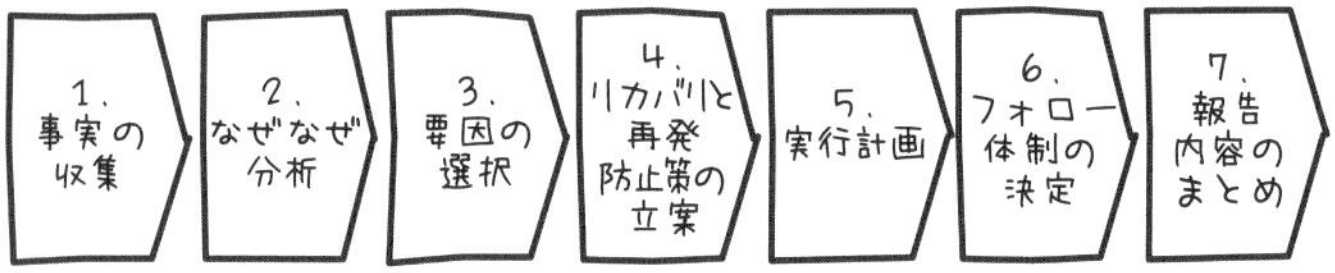

物事を理解するには「全体から詳細へ」が原則です。これはプロジェクトを計画するときも同じです。

フロー型でプロセスを示す

先ほど、ファシリテーションのプロセスの解説で「議論のプロセスを設計する」と説明しました。論点を出して、それをどんなプロセスで議論するかを設計するのです。このとき、ホワイトボードに議論のプロセスを描いておけば、いま自分たちがどこにいるのか、現在地がわかります。

進行を「時系列」で表現したいときは、フロー型の図が便利です（**図5-13**）。僕もよく使います。「まず、事実を集めましょう」「次に原因の分析をしましょう」と思考の切り替わりごとに、ステップを分けています。簡単に描けて、誰が見てもわかります。

この図が有効なのは、「やるべきことがイメージできる」ときです。やったことがある、もしくは、全員が同じイメージを共有できるのであれば、この図は有効です。各ステップの下にアウトプットや日付、もしくはイグジット・クライテリアを書いておけば、簡単なプロジェクト計画書にもなります。数週間くらいの大きさのプロジェクトであれば、これで十分です。

入出力型でプロセスをシミュレーションする

一方で、やったことがない仕事、新規性の高い仕事、イメージがつかない仕事のステップを表現するときは、「設計」の考え方が必要になります。ここでいう設計とは、やったことがないことを、見える化して、シミュレーションしてみることです。

このシミュレーションのことを、「プロセス設計」といいます。そのときにいつも使うのが「入出力型」のフローです。あらゆるアウトプットは「入力」と「変換」を伴います。この「入力─変換─出力」がプロセスです。

図5-14 入出力型

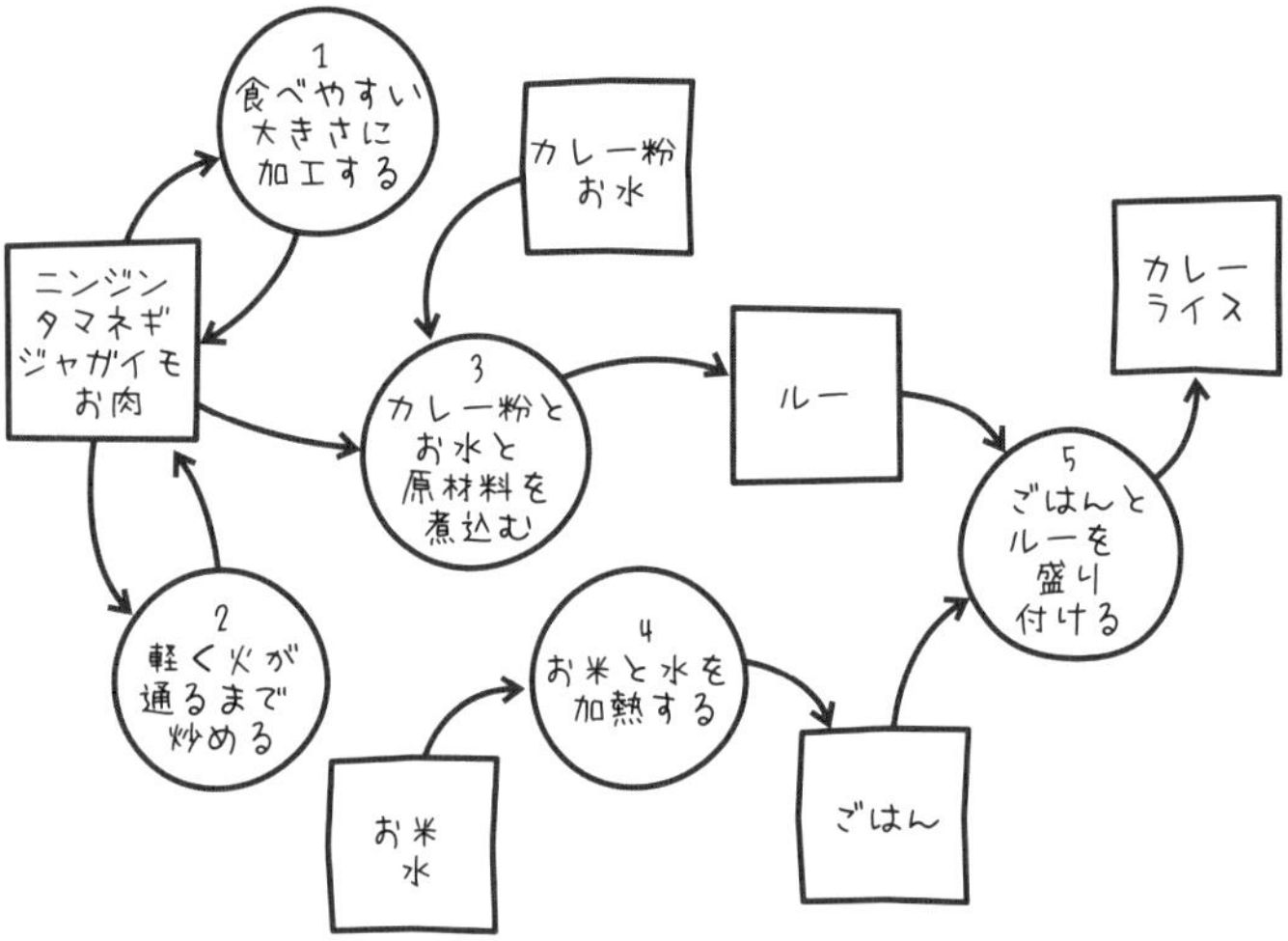

簡単な例を見てみましょう（**図5-14**）。この図は、カレーライスを作るプロセスを「入力―変換―出力」の関係で表現したものです。

まず「ニンジン・タマネギ・ジャガイモ・お肉」などの材料を「1　食べやすい大きさに加工する」のプロセスに入力する。ここでは大きさが変わるだけなので、そのままアウトプットは戻してしまいます。

この時点で材料は「食べやすい大きさに加工された、ニンジン・タマネギ・ジャガイモ・お肉」ですね。それを今度は「2　軽く火が通るまで炒める」プロセスに入力する。こうやって「入力―変換―出力」を順にたどるとルーが出来上がる。

別のところでは「お米・水」を「4　お米と水を加熱する」というプロセスに入力するとアウトプットとして「ごはん」ができる。「ルー」と「ごはん」を盛り付けるとカレーライスになる。

この入出力型は、意思決定プロセスの設計にも使えます。利害関係者が集まって、今後の方針を決めないといけないとします。例えば大きな会社の情報システムだと、複数のベンダーが関わっています。トラブルがあったり、変更要求があったりすると、どこかのベンダーが対応しないといけません。でも、どのベンダーもやりたくないんですね。自分たちから「ウチがやります」とは絶対に言わないし、みんなうつむいて「できるだけうちに来ませんように」と考えています。そうすると議論が止まります。

そんなときは、決め方を決めればいいのです。「決めるプロセスを設計しましょう」と持ちかけます。例えば、何らかの変更要求があった場合、「変更要求を自社で対応した場合の影響範囲を特定する。その影響範囲の見積もりを出す。各社の見積もりを持ち寄って、影響範囲とリスクを考えた上で重み付けをする。そして決定する」。このような「プロセス」をフローで表現し、このプロセスについて同意を取るようにします。

「意思決定すること」そのものには反対しないでしょうし、決め方（プロセス）に反対することもできないものです。プロセスに合意したということは、そのプロセスに基づいた結果にも合意をしないといけない。こういう議論のプロセスを表現するのに、入出力型の図は役立ちます。

ポイントは、順序ではなくて、あくまでも「入力―変換―出力」だということです。手順ではありません。プロセスを「入力―変換―出力」の関係で整理していくと、見えなかったプロセスが見えてきます。シミュレーションできるんです。ここらへんのプロセス設計の仕方については、次に発行する予定の本『誰も教えてくれない 計画するスキル』で詳

図5-15　2軸型

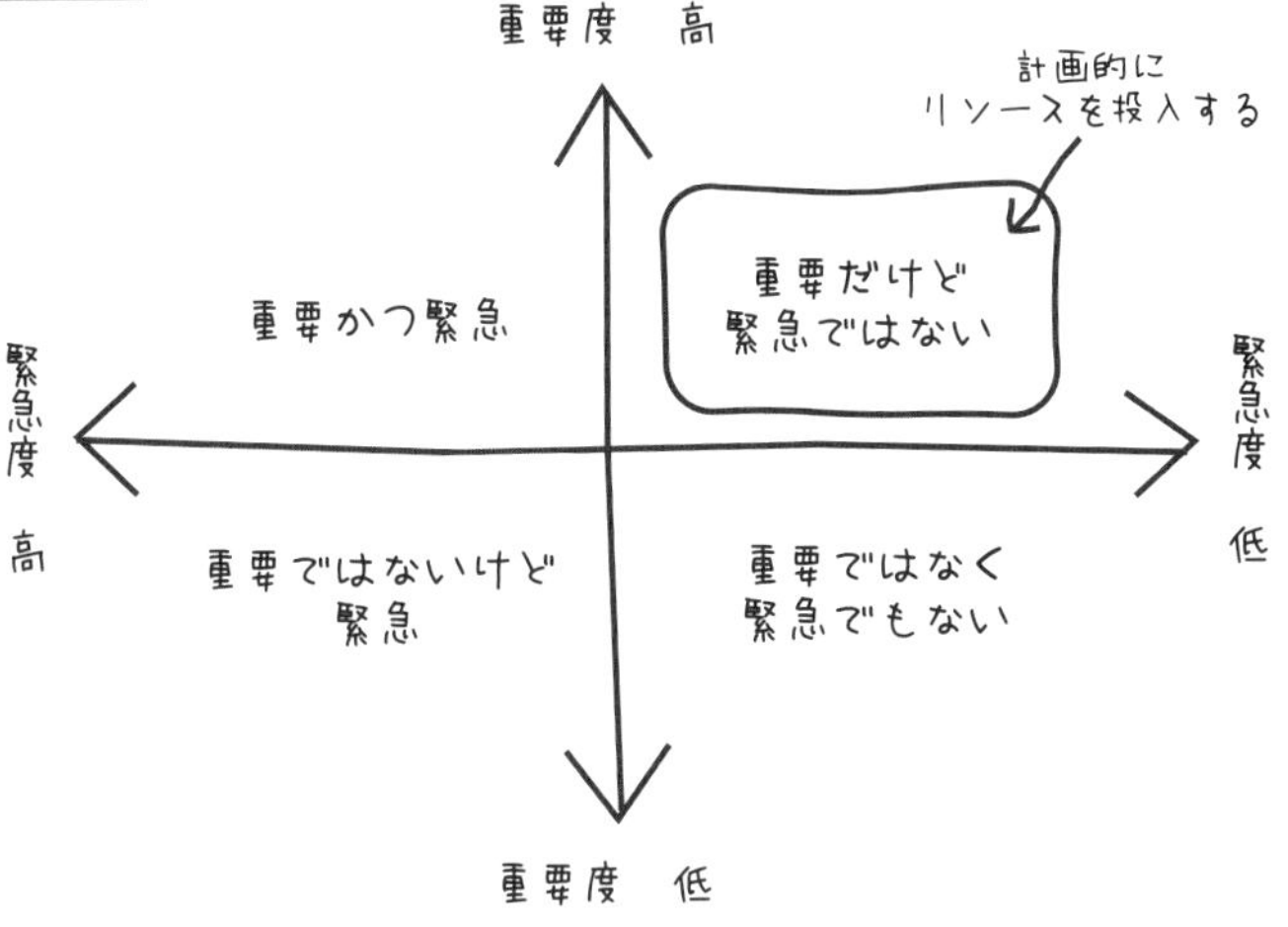

しく解説する予定なので楽しみにしていてください。

2軸で整理する

マトリクス型の図は2軸で整理できると説明しました。2軸で整理する図として、もう一つ4象限に分ける図があります。

よく使われるのが「重要度」と「緊急度」です（**図5-15**）。この図を説明すると、「重要かつ緊急」は「すぐにやれ」ということです。時間を取られがちなのが「重要ではないけど緊急」

です。単なる事務処理に多く、放っておいたから緊急になってしまったケースです。これらは緊急ではないうちにチャチャとやっておくことが大事です。次は「重要でも緊急でもない」。これは単なるヒマつぶしですから、やってはいけません。

この図で一番大事なのは「重要だけど緊急ではない」です。これは放っておけば、いずれ「重要かつ緊急」になります。でも、緊急になってしまうと選択肢が限られてきます。品質も上がりません。例えば、仕事で必要だけど、差し当たって困っていないスキルの習得とかが該当します。この象限には「計画的にリソースを投入する」ことが大切です。

自分が持っている課題をこの4象限に分けることで、それぞれの象限への取り組み方を明確にすることができます。

「コンサルタントは2軸が好き」といわれますが、なんでも2軸で整理できるわけではありません。ただ、いろんな軸を設定して整理することで、自分がどの方向で動くべきかが見えてくるのは確かです。一つの整理の仕方ではなくて、あらゆる軸で整理する練習を

図5-16 **関係型①**

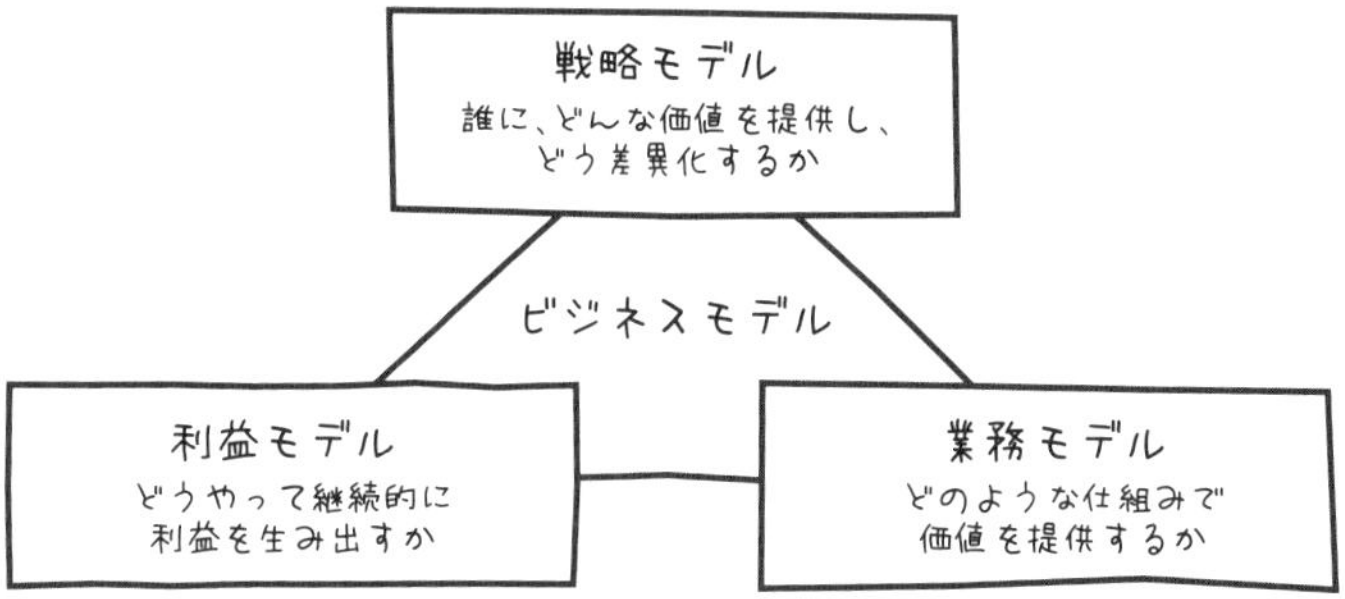

してみるといいですね。

関係型で要素間の「関係性」を示す

次が「関係型」です。問題解決しようとするとき、考えるべき要素が複数あって、それぞれの「関係性」に意味がある場合がありますね。

例えば、ビジネスモデルを考えるとき、「戦略モデル」「利益モデル」「業務モデル」の3つの要素が整合を取っていないとビジネスは成り立ちません（**図5-16**）。

戦略モデルとは「誰に、どんな価値を提供し、どう差異化するか」、利益モデルとは「どうやって継続的に利益を生み出すか」、業務モデルは「ど

図5-17 **関係型②**

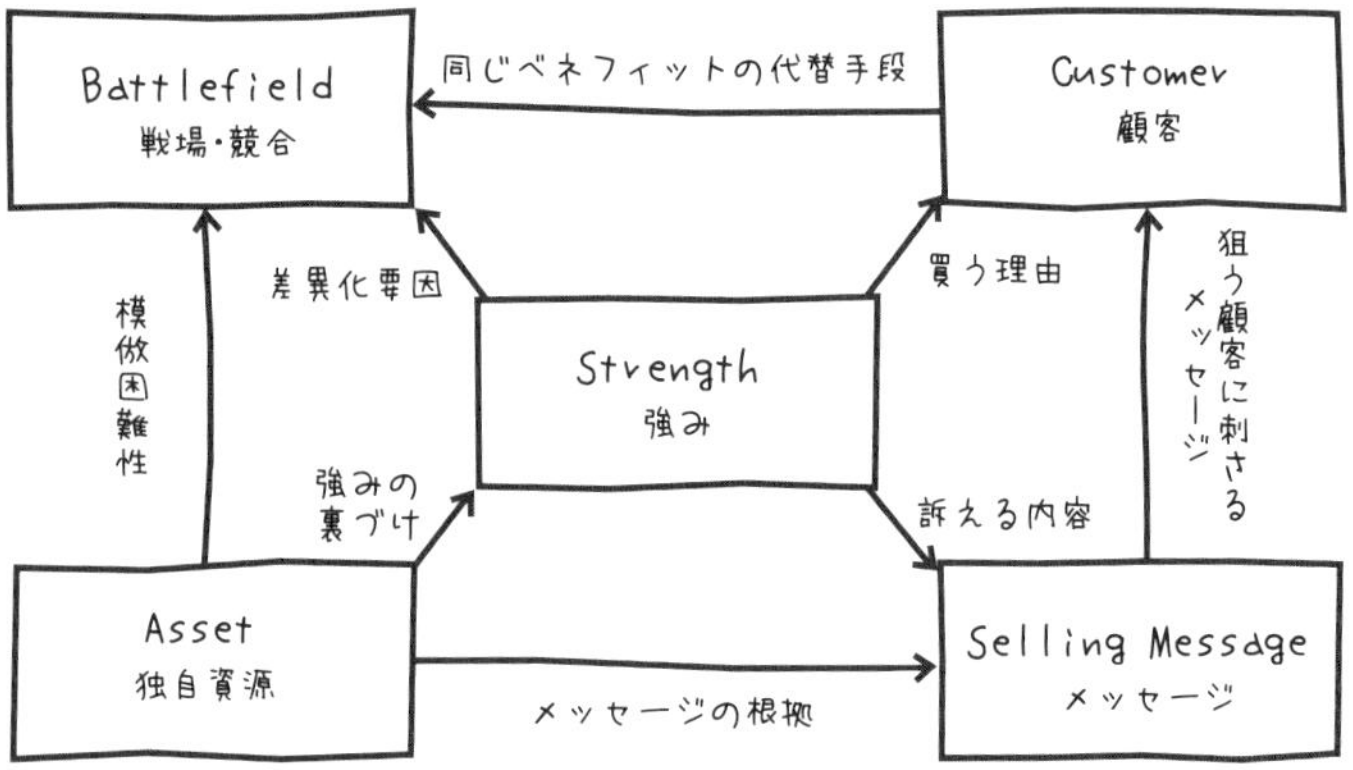

『経営戦略立案シナリオ』(佐藤義典／かんき出版)を基に著者作成

のような仕組みで価値を提供するか」です。

戦略は優れていても、それを顧客に提供するシーンで業務が設計されていなければ、「コンセプトはいいけどね」と言われて終わりです。戦略モデルが優れていて業務も設計できているけれど、利益が出ないのであれば、継続的にサービスを提供することができません。3つのモデルが整合して初めてビジネスが成立します。

議論するとき、「3つの要素があ

ります」とまず示します。そして、この３つが整合していないといけないので、「このステップで議論していきましょう」と、フロー型で議論のプロセスを示すとスムーズに進みます。

３つの要素の一つである戦略モデルについて詳細に考えるときは、要素がもっと多くなります。**図5-17**を見てください。５つの要素（四角形）があって、それぞれの要素の関係を矢印で表現しています。これは「BASiCS」という佐藤義典さんというマーケティングコンサルタントの方が考案したフレームワークです。

まず、自分たちが狙う「Customer（顧客）」がいます。その顧客が求めているものが「ベネフィット」で、そのベネフィットを提供する他社が「競合」になります。つまり「狙う顧客が競合を決める」わけです。

競合に勝とうとすれば、顧客に選んでもらわないといけません。顧客が自社を選ぶには理由が必要です。それが自社の「Strength（強み）」です。この強みは競合との差異化要因になっていないと意味がありません。

さらに、その強みは簡単にマネをされると困ります。例えば「他社より値段が安い」ことが強みだとします。でも、他社も値段を下げてきたら、それは強みではなくなってしまいます。強みにするには裏づけが必要です。それが、他社にはマネできない「Asset（独自資源）」です。他社ではマネできない調達ルートがあるとか、安く生産できる技術があるとかですね。

他社がマネできない強みがあって、それが独自資源に支えられていても、顧客に知ってもらわないと買ってもらえません。「こんないいものがあるんですよ」とメッセージを届けないといけない。それが「Selling Message（セリングメッセージ）」です。セリングメッセージには「強み」を乗せないといけない。それが、顧客が買う理由になるからです。でも、強みには根拠が必要です。ただ「うちのはいいんです」と主張しても説得力がありません。だから「うちにはこんな独自資源があって、強みが実現できているんです」と根拠も合わせて伝える。よく通販番組で「生産地に独自ルートを持つ当社だからできるこの価格！」とかやってますね。あれは独自資源と強みを打ち出しているのです。

こうやって5つの要素の相互関係が成り立っていないと戦略にはならない。逆にいうと強い企業はこの5つの要素が整合していると考えることができます。なので、競合他社の戦略を分析するとき、このフレームワークは使えます。

このフレームワークは、いろいろある戦略論の本質を5つの要素に集約したもので、網羅性が高く、非常に使いやすい。僕も戦略の議論をするときには、このフレームワークをよく使います。このフレームワークは『経営戦略立案シナリオ』(かんき出版発行)という本に書かれていますが、本を読んだだけでは5つの要素の関係、全体像がわかりにくい。そこで、関係性に着目して議論できるように、要素間の関係を図にしたのです。

集合で条件を表現する

先ほど、ビジネスモデルは「戦略モデル」「利益モデル」「業務モデル」の3つの要素の整合が取れていないといけないと説明しました。また、戦略は5つの要素の関係が成立していないといけないと説明しました。これは言い換えれば、ビジネスモデルや戦略が成立する条件を議論しているのです。

図5-18 **集合型**

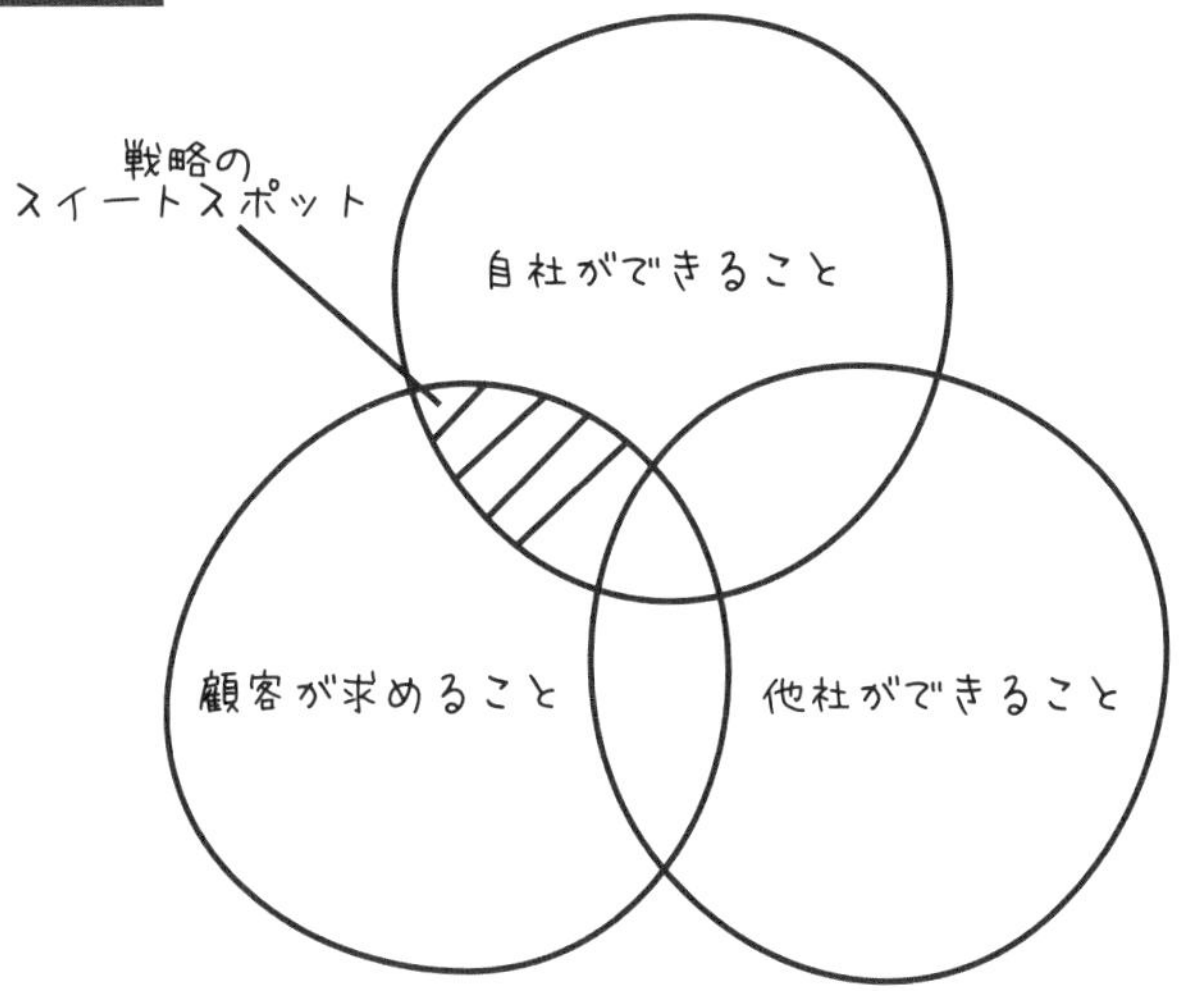

出典:David J. Collis and Michael G. Rukstad, "Can You Say What Your Strategy Is?" Harvard Business Review 2008 を基に著者作成

条件といえば、「集合」の概念が使えます。集合とは論理の表現の1つです。「p→q」が成立するとき、pはqであるための十分条件、qはpであるための必要条件」というやつです。

戦略が成立するには、簡単にいえば「他社がマネできない強みを持っている」「その強みが顧客に支持されている」という2つの条件が満たされていることです。それを集合で表現するとこうなります（**図5-18**）。

「自社ができること」「他社ができること」「顧客が求めること」の3つの集合が重なっています。戦略が成立するのは「自社ができること」と「顧客が求めること」が重なっていないといけません。でも他社にもマネできるなら、「自社製品でも他社製品でもどちらでもいい」となるので、「自社ができること」と「顧客が求めること」の重なりから「他社ができること」を外す。図の斜線の部分が「自社が勝てる状況」であり、「戦略のスイートスポット」なるわけです。

非常にシンプルですが、どこを狙うべきなのかがパッと見てわかります。集合（ヴェン図）で表現することの利点です。

縦ツリー

次はツリー型です。ツリー形式の図には「縦」と「横」があります。

図5-19 縦ツリー型①

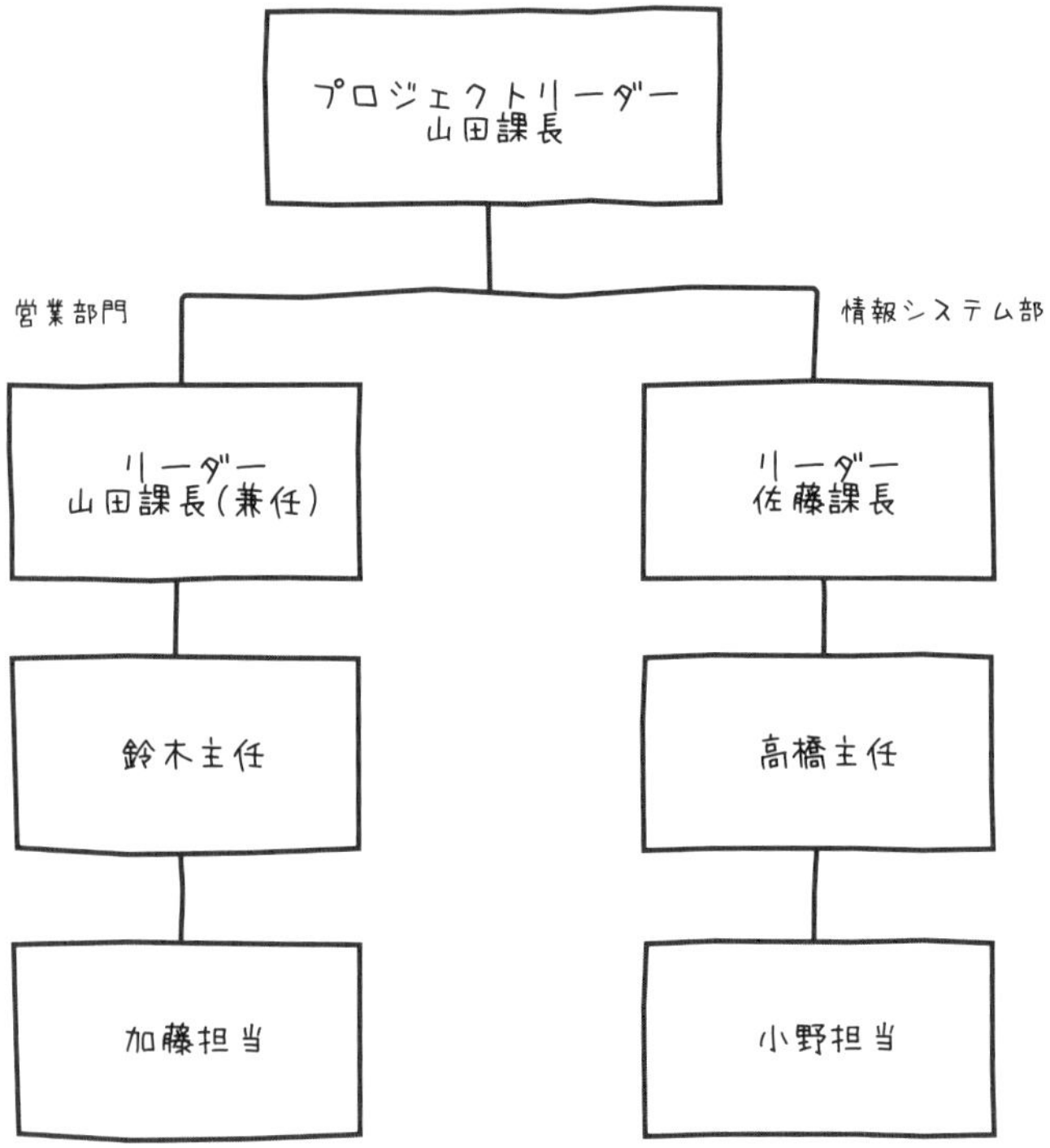
プロジェクトリーダー
山田課長
営業部門
情報システム部
リーダー
山田課長（兼任）
リーダー
佐藤課長
鈴木主任
高橋主任
加藤担当
小野担当

図5-20 縦ツリー型②

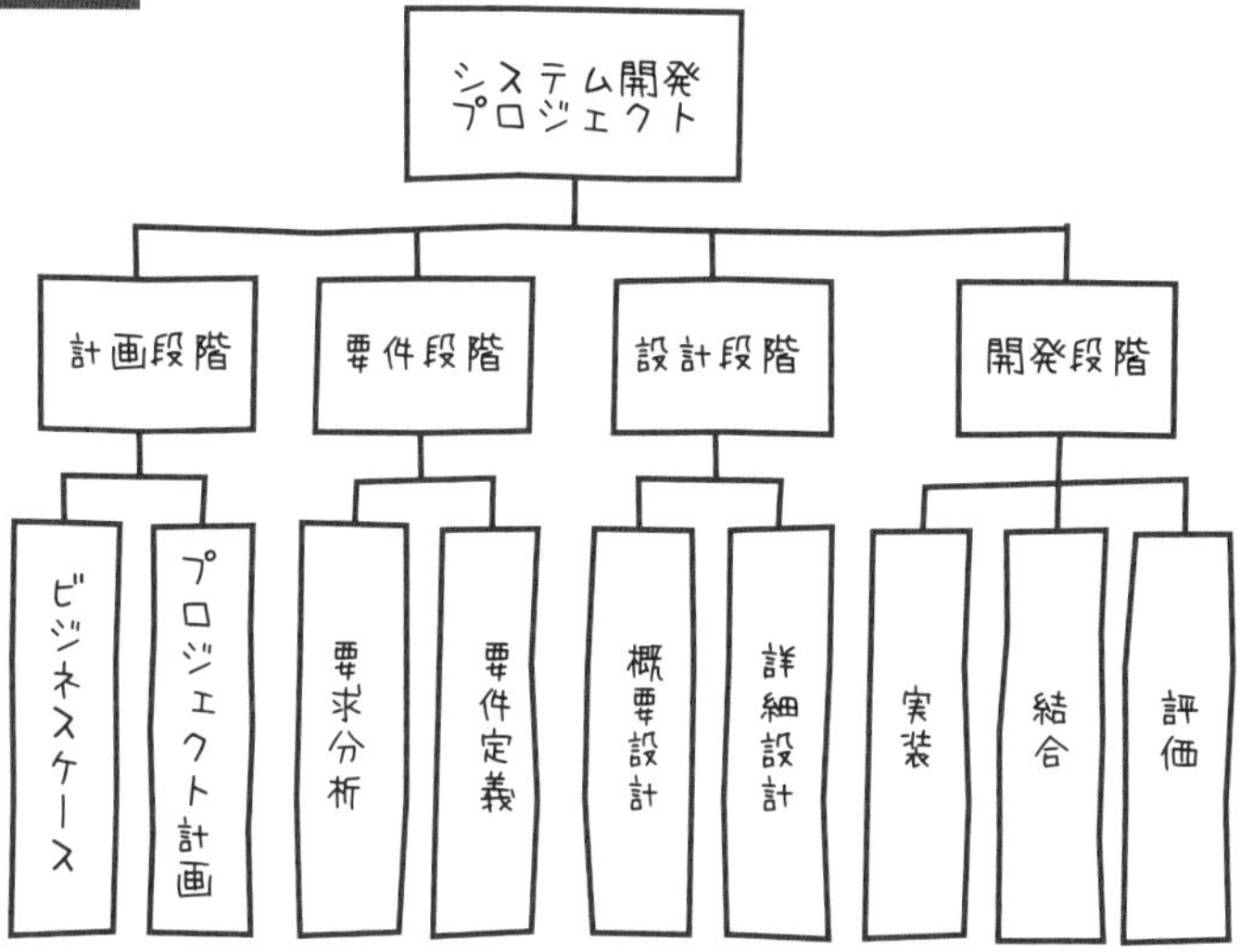

縦型はよく体制図に使います（図5-19）。システム開発プロジェクトだと、業務部門と情報システム部門の2つの指揮命令系統があります。それを統括するのがプロジェクトリーダーですね。

WBS（ワーク・ブレークダウン・ストラクチャー）も縦型ツリーで表現することがあります（図5-20）。WBSには成果物を分解する「成果物WBS」と、時

図5-21　横ツリー型①

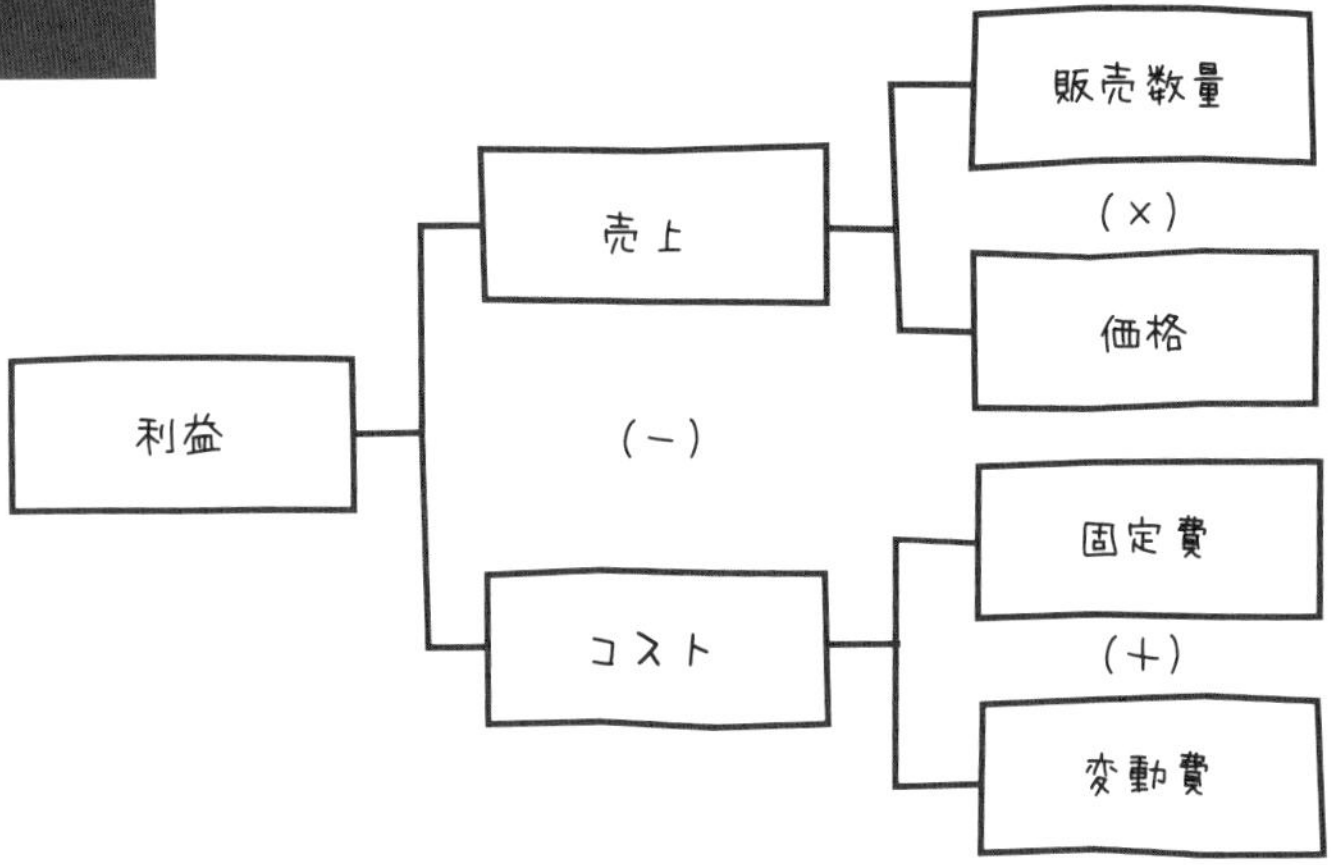

間軸で作業を分解する「作業WBS」がありますが、ここでは「作業WBS」を図にしています。プロジェクト全体を「計画」「要件」「設計」「開発」の4つに分けてそれらをさらに分解し、左から右に時間軸で示しています。

横ツリー

　横型のツリーは「プロフィットツリー」や「イシューツリー」でよく使われます。

　例えば**図5-21**は簡単なプロフィットツリーです。利益は「売上－コスト」

図5-22 横ツリー型②

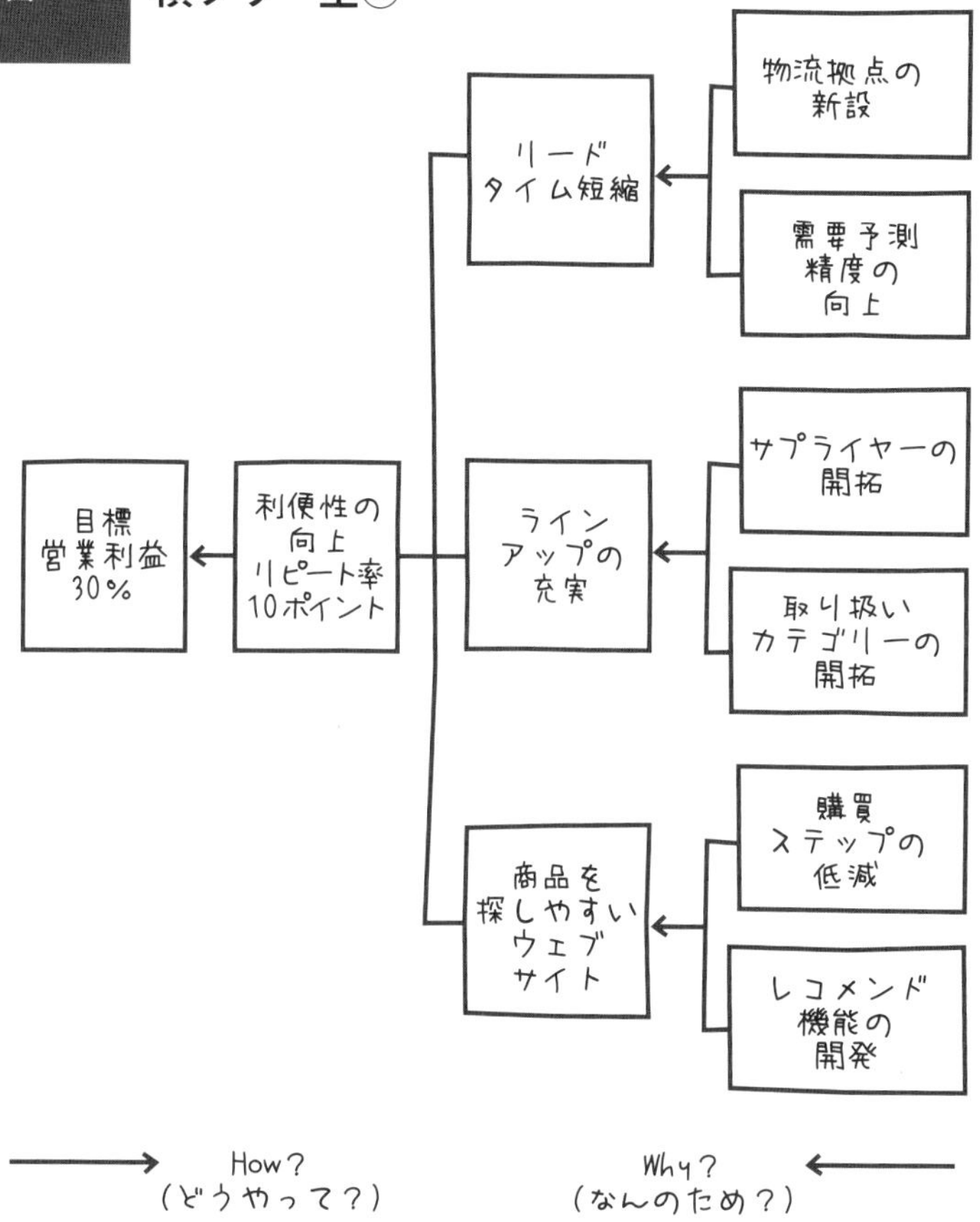
目標
営業利益
30%
利便性の
向上
リピート率
10ポイント
リード
タイム短縮
ライン
アップの
充実
商品を
探しやすい
ウェブ
サイト
物流拠点の
新設
需要予測
精度の
向上
サプライヤーの
開拓
取り扱い
カテゴリーの
開拓
購買
ステップの
低減
レコメンド
機能の
開発
How?
(どうやって?)
Why?
(なんのため?)

で、売上は「販売数量×価格」で、コストは「変動費＋固定費」で成り立っている。このように利益を分解することで、それぞれの要素に対してどう働きかけるかを一つひとつ議論することができます。

もう一つのイシューツリーは「目的と手段の関係」を表現したものです（**図5-22**）。例えば、みなさんがインターネット上に販売サイトを持っていて、営業利益率30％が目標だとします。そのためにはリピート率を10ポイント（pt）高めないといけない。そのためには「リードタイム短縮」「ラインアップの充実」「ウェブサイトのユーザビリティーの向上（商品を探しやすい）」がテーマになる。それぞれのテーマを解決するには「物流拠点の新設」や「サプライヤーの開拓」「購買ステップの低減」などをする。

「そのために、そのために…」と書きましたが、これは「目的」を表現しています。つまり、ツリーの左側の要素は右側の要素の目的になっています。逆にいえば、右側の要素は、左側の要素の「手段」です。このように「目的と手段の関係」で整理すると、一貫性を保ちながら議論できます。

図5-23 面積型

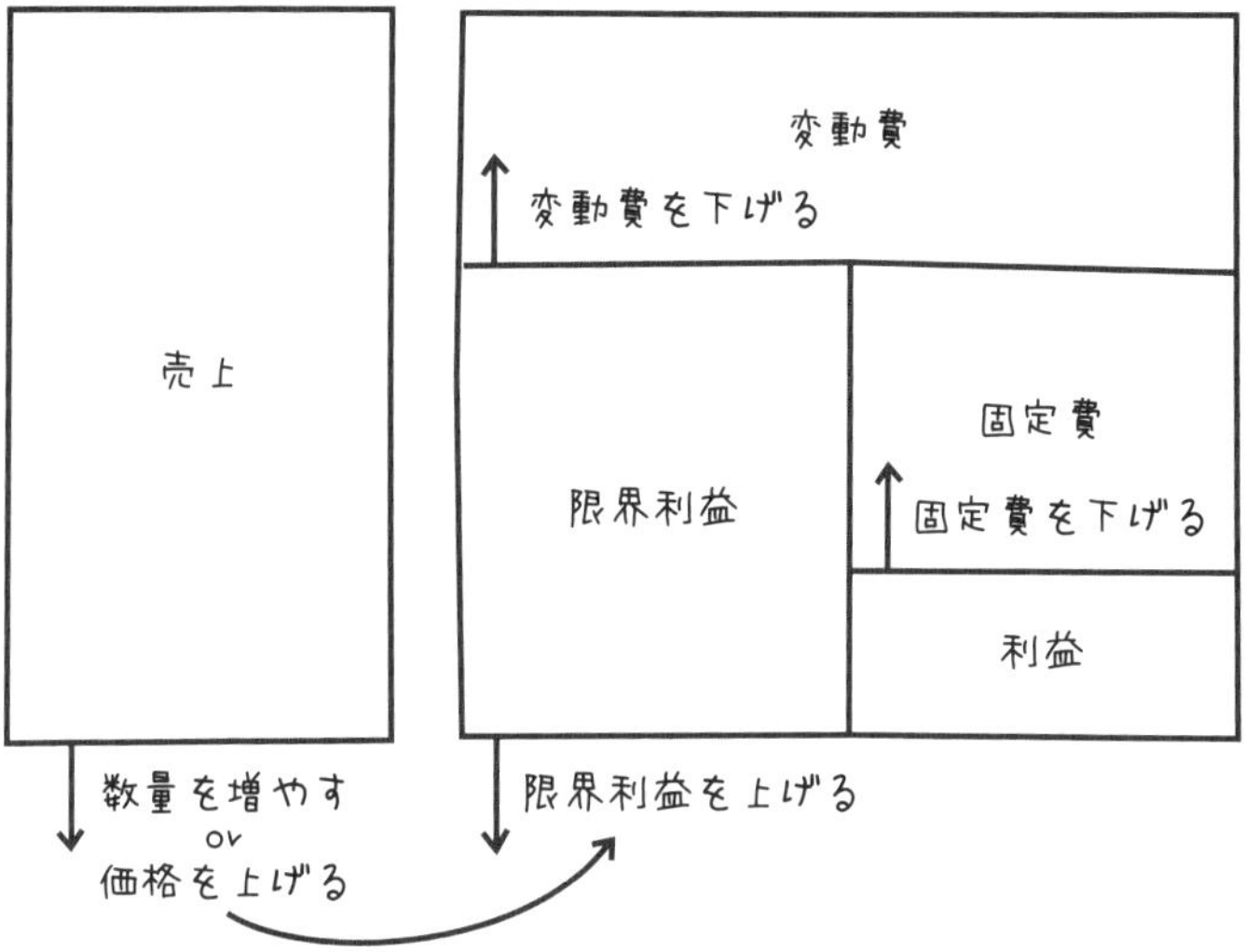

「目標利益はこれくらい。そのためにはリピート率を上げないといけない。リピート率を上げるには何が必要か」。このように整理しながら議論を進めていくことができます。ホワイトボードにツリーで図示すれば、共通認識が確立しやすいのです。

面積型で構造を図示する

先ほど、利益の構造を横型のツリーで表現しましたが、面積型でも表現できます（**図5-23**）。

売上の総額は「変動費」と「限界利益」でできている。限界利益とは「売上－変動費」のことです。変動費は売上に比例してかかる費用のことですから、小売だと仕入れ値に相当します。ソフトウエア企業だと、開発費用は莫大にかかりますが変動費は微々たるものです。ソフトウエアに原材料はありませんから。せいぜいパッケージの箱とか、メディアくらいのものです。なので限界利益が大きい。

限界利益の内訳は「固定費」と「利益」です。ここでもし限界利益が固定費より少なければ赤字になります。そういうことも面積で図示するとわかります。ちなみに、限界利益で固定費を回収できたとき（限界利益＝固定費）の売上が「損益分岐点売上高」です。

利益を大きくするには、固定費を下げるか、限界利益を増やすしかありません。限界利益を増やすには、変動費を下げるか、販売数量を増やす、もしくは価格を上げる。

図5-24 ガントチャート／マイルストーン型①

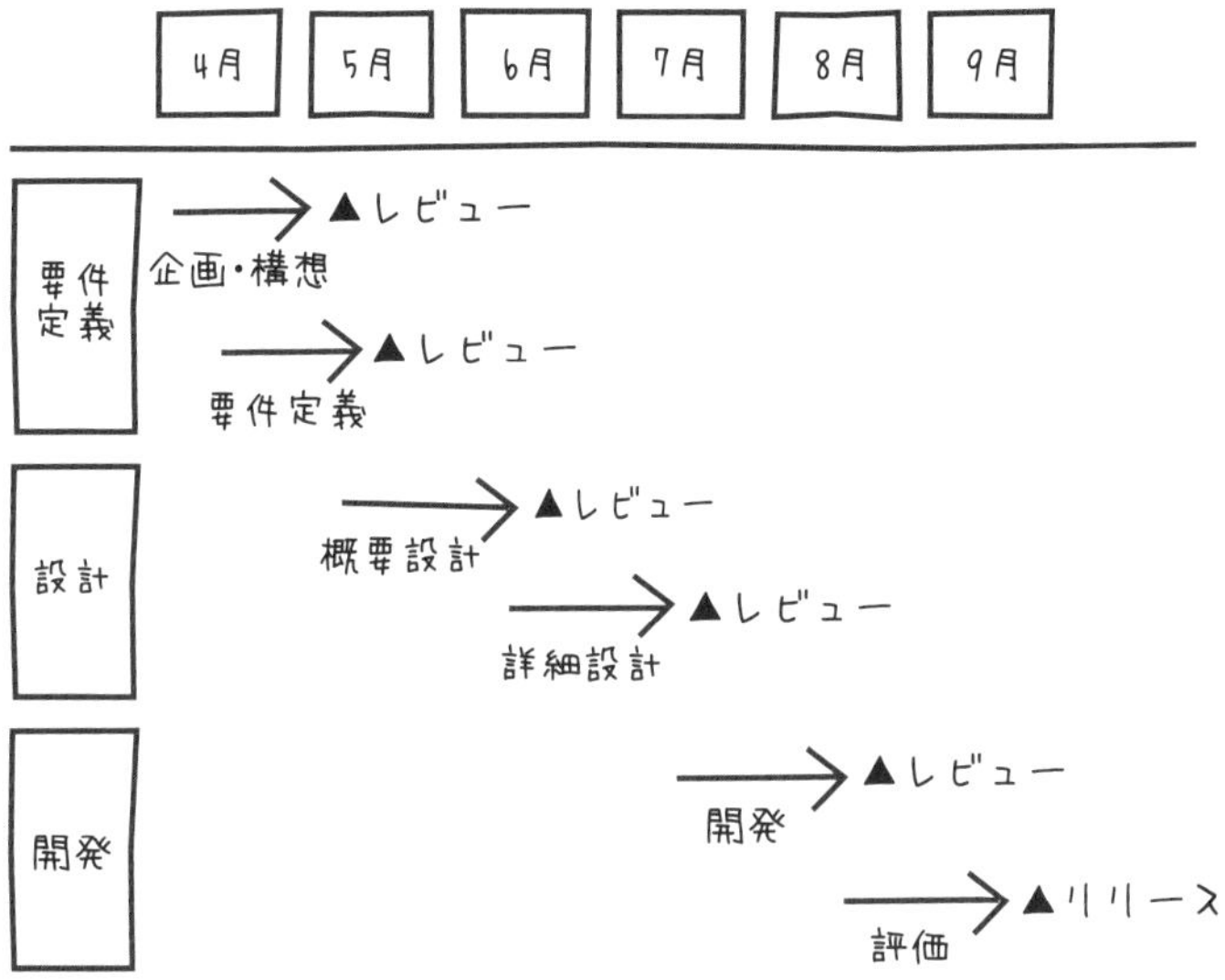

こうやって面積を図示すると、構造が見えてきます。構造が見えると打ち手も見えてくる。この簡単な図が描けるかどうかが、ビジネスを左右することがよくあります。図解の威力です。

図5-25 ガントチャート／マイルストーン型②

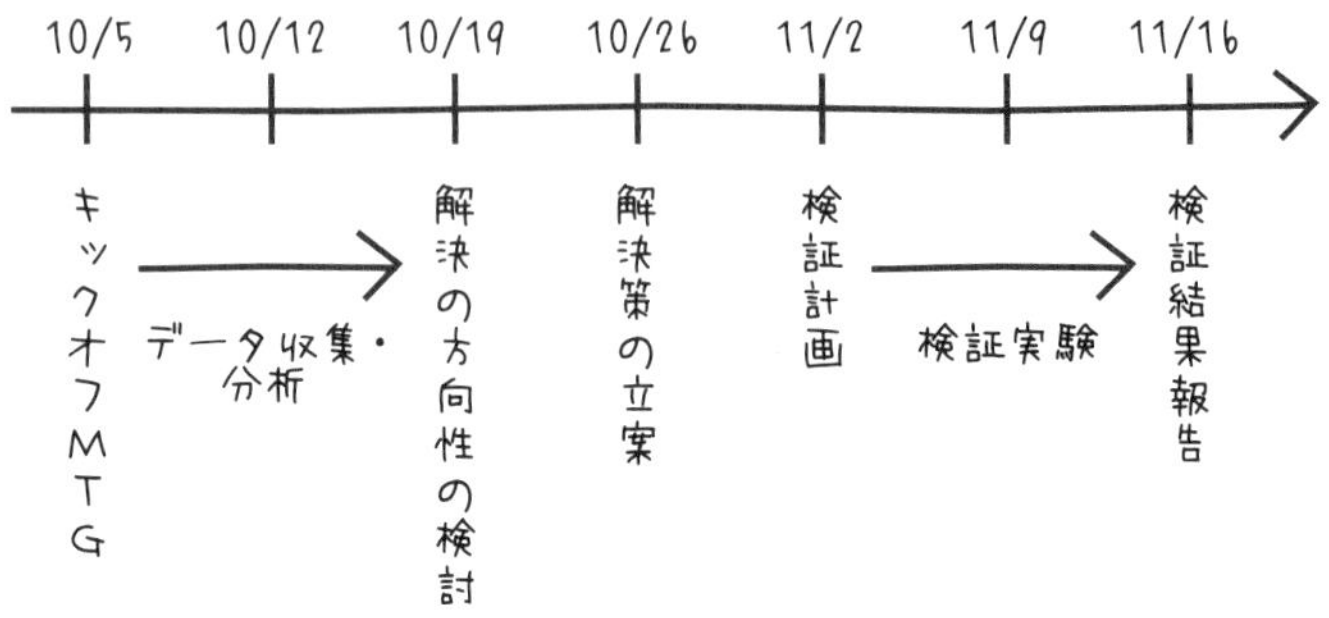

ガントチャート／マイルストーン型でスケジュールを見える化する

最後は、ガントチャートとマイルストーン型です。

ガントチャートは一般的によく使われていますね（**図5-24**）。縦に課題の箱を置いて、細かいスケジュールを矢印で描いていく。非常にシンプルです。ガントチャートは細かい管理には向いていません。依存関係もわかりにくい。けれど、大まかなスケジュール感、「大工程」レベルを表現するのに便利です。

もっとシンプルなのがマイルストーンチャートです（図5-25）。いつまでに、何をするのかを表現するのに向いています。矢印を一本引いて、月や日づけを入れればいいので、すぐに描けます。

5—4．まとめ

リアルタイムにフィードバックする

ここまで、ファシリテーターの４つの機能について説明してきました。

機能（1）論点を維持する
機能（2）言いたいことをひと言でまとめる
機能（3）曖昧な表現を具体化する
機能（4）議論を図式化して、空中戦を避ける

この４つの機能は、言い換えれば、「議論の中でリアルタイムにフィードバックをする」ということです。

議論をしていると「自分の言いたいことは伝わっているか？」「誤解されていないか？」「的外れなことを言っていないか？」と発言者は常に不安に感じています。積極的に発言

図5-26 リアルタイムなフィードバック
［安心して話せる状況をつくる］

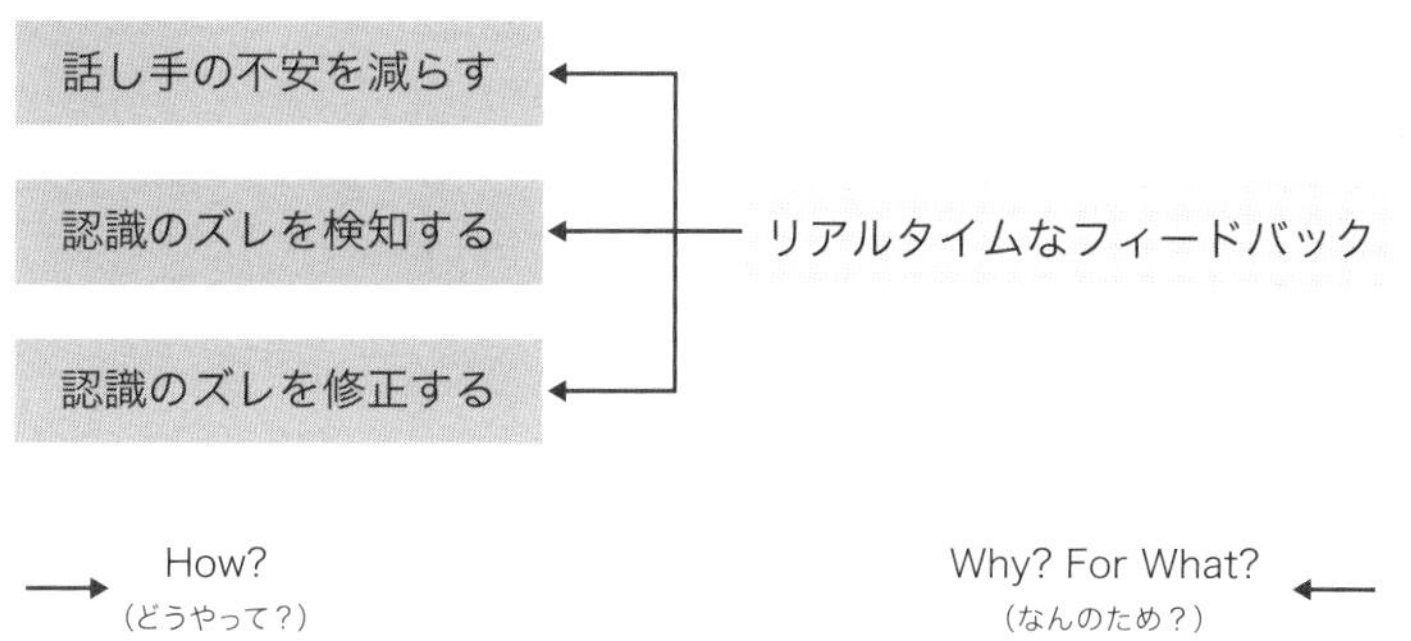

しない人は、それが怖いから発言をためらうのです。

ファシリテーターは論点を維持したり、発言者が言いたいことをひと言でまとめたり、具体化したり、見える化したりすることで、リアルタイムに「伝わっていますよ」「ちゃんと理解していますよ」、もしくは「ちょっとズレてますよ」「もう少し具体的に教えてください」とフィードバックする。そうやって、参加者が安心して話せる状況を作ることが重要です。

リアルタイムなフィードバックは、「話し手の不安を減らす」「認識のズレを検知する」

「認識のズレを修正する」ことで、発言を促進して、議論の質を高めることを可能にしているわけです（**図5-26**）。

あとは「場数と慣れ」

ここまでファシリテーションのプロセスについて説明してきました。

プロセス①ゴールを設定する
プロセス②問いを立てる（論点の設定）
プロセス③議論のプロセスを設計する
プロセス④発言を咀嚼、整理し、見える化する
プロセス⑤結論を共有する

この5つのステップです。最後の「⑤結論を共有する」は、ホワイトボードを見ながら結論、次へのアクションを共有すれば大丈夫です。

ファシリテーションのプロセスと、ファシリテーターの機能を理解すれば、あとは実践するだけです。最初はぎこちないかもしれませんが、何ごとも「場数と慣れ」です。これしかありません。練習すれば必ずできるようになります。

参考文献

『ロジカル・ディスカッション』（堀公俊著、日本経済新聞出版社）

■本書で紹介した本や資料

『人を動かす』（デール・カーネギー著、創元社）
『新VEの基本』（土屋裕著、産業能率大学出版部）
『いかにして問題をとくか（How to Solve It）』（G・ポリア著、丸善出版）
『3分間コーチ』（伊藤守著、ディスカヴァー・トゥエンティワン）
『経営者の条件』（P・F・ドラッカー著、ダイヤモンド社）
『問いかける技術』（エドガー・シャイン著、英治出版）
『読むクスリ』（上前淳一郎著、文藝春秋）
『Recommended Approach to Software Development』（NASA）
『頭がよくなる「図解思考」の技術』（永田豊志著、KADOKAWA）
『経営戦略立案シナリオ』（佐藤義典著、かんき出版）

■本書と同じシリーズの本

『誰も教えてくれない 考えるスキル』(2015年8月発行)
『誰も教えてくれない 書くスキル』(2016年6月発行)
『誰も教えてくれない 質問するスキル』(本書)
『誰も教えてくれない 計画するスキル』(2017年発行予定)
『誰も教えてくれない 問題を解決するスキル』(2017年発行予定)

■著者プロフィール

芝本 秀徳（しばもと ひでのり）

株式会社プロセスデザインエージェント 代表取締役

プロセス設計の技法を活かし、人と組織の実行品質を高めるコンサルタント。品質と納期が絶対の世界に身を置き、ITベンダーにおいて大手自動車部品メーカー、大手エレクトロニクスメーカーのソフトウエア開発に携わる。「品質は設計を超えることはできない」という信念のもと、百数十名の開発者を統率し、人とプロセスの質に同時に働きかける独自のアプローチを体系化。現在は「人と組織の実行品質を高める」ことを主眼に、マネジャー育成、PMO構築支援、ベンダーマネジメント支援、戦略策定ファシリテーションなどのコンサルティングを行う傍ら、書籍や記事の執筆、講演活動なども精力的にこなす。

連絡先：株式会社プロセスデザインエージェント
（info@processdesignagent.jp）

誰も教えてくれない 質問するスキル

２０１６年12月20日 第1版第1刷発行

著者 芝本 秀徳
発行人 寺山正一
発行 日経ＢＰ社
発売 日経ＢＰマーケティング
〒１０８-８６４６
東京都港区白金1-17-3

カバーデザイン 葉波高人（ハナデザイン）
制作 ハナデザイン
カバーイラスト Getty Images
印刷・製本 図書印刷株式会社

 ISBN978-4-8222-3916-9